ものづくりの強化書

不確実な時代に勝ち残る、

How to Survive in the VUCA Era in the World of Manufacturing

村上悟

クロスメディア・パブリッシング

はじめに

かつてないほどの変化の波が今、ものづくりの世界に押し寄せています。

経済産業省は、2018年版の『ものづくり白書』の中で、我が国の製造業に対して、「変革に対応するにあたっては、経営者が次に示すような『4つの危機感』を持つことが重要だ」と警鐘を鳴らしました。

①人材の量的不足に加え質的な抜本変化に対応できていないおそれ
②従来「強み」と考えてきたものが、成長や変革の足かせになるおそれ
③経済社会のデジタル化等の大きな変革期の本質的なインパクトを経営者が認識できていないおそれ
④非連続的な変革が必要であることを経営者が認識できていないおそれ

本当にかつてないほどの危機感です。

この指摘の通り、ものづくりの環境は、かつてないほど複雑化し、個別化しています。そ

のような状況の中で、固有技術やＩｏＴ技術のみならず、従来は強みと考えられてきた「ものづくりの技術」――仕事の流れを良くするためのオペレーション・マネジメントの技術に関しても、この環境変化に対応できていないのが現状です。**極めて高度で複雑な分業環境の中、相変わらず現場が体を張って頑張っている**のがその実態。競争力は年々低下しているのに、現場は疲弊し切ってしまい、優秀な人材がバーンアウトして（燃え尽きて）います。

そんな状況で、「こうすればよい」という特効薬は存在するのでしょうか？

実は変化が激しければ激しいほど、こうすればよいという手法（How）だけを学んでも役に立ちません。なぜなら、手法は基本的に特定の環境や状況に依存しますから、環境変化が激しいと手法の進歩が追いつかず、うまく機能しないからです。今日、私たちは愚直に学ぶだけでは不十分で、学びを現実に適用（Apply）しようとすれば、本質（原理・原則）を知り、環境がどう変わったか、三現主義で事実をしっかり把握した上で、「手法をどう適用するか」を徹底的に考えなければならないのです。

面倒くさい時代になったなぁ……と思われるでしょうか？

生物は環境に適応するために自然に進化しますが、企業は放っておいても勝手に進化することはありません。組織は人の集まりですから、人が学び、考えることによって初めて、進化して変革を成し遂げることができるのです。

本書では、ものづくり白書が指摘している「今日の非連続で未曾有な変化」の象徴として、近年よく耳にする「**VUCA《ブーカ》（変動性・不確実性・複雑さ・あいまいさ）**」という言葉を考察します。そして、そのＶＵＣＡに対してどう対応するべきかを、ヘンリー・フォード、大野耐一、エリヤフ・ゴールドラットという「オペレーション・マネジメントの巨人」をお手本として、彼らの「学び方」を学び、その先にある世界を考えます。

本書の構成は次の通りです。

まず第1章では、時代のキーワードである「ＶＵＣＡ」とはいかなるものなのかを検証し、本来、不確実性とは無縁であるはずのものづくりが、ＶＵＣＡにどのように影響されてきたのかをざっくりと考えます。

第2章では、フォード、大野耐一、ゴールドラットの3人を取り上げて、「ものづくりの仕組み」が、時代の流れに合わせてどう進化してきたのかを検証します。

第3章は、現代のものづくり――具体的にはトヨタ生産方式とTOC（制約理論）が、環境の変化に対してどのように考え、対応してきたかを、より具体的に、オペレーション・マネジメントの技術的な視点で検証します。

第4章と第5章では、今日の環境の変化によって、VUCAがものづくりにどのような影響を及ぼしているかをより詳細に見ていき、同時に、トヨタ生産方式やTOCといったオペレーション・マネジメントの適用をどう妨げているかを具体的に検証します。

第6章は、今後のものづくりをめぐる環境がどのような方向に変化するかを、グローバルな競争視点から検証していきます。

最後の第7章では、今日の環境、複雑であいまいなVUCAワールドのものづくりに対応した仕組み「ダイナミック・フロー・マネジメント」について説明します。大きな考え方を提示しつつも、読者の方々の会社で、ある程度すぐに活用できる内容も盛り込みたいという意図から、この章にはページを多めに割き、第6章までと比べてもより具体的な内容や手順まで踏み込んだ解説をしています。

本書は基本的に「ものづくりの現場」を念頭に執筆しましたが、現代の「個別性の強いものづくり」の考え方は、必ずしも物理的なハードウェアの世界のみならず、業務特性に共通点を持ったソフトウェア開発などのオペレーションにも参考にしていただけるはずです。

そして、読者の皆さんにお願いしたいことは、**私たちが進化していくためには、「科学的に疑うこと」が必須であることを忘れないでほしい**という点です。

本書はフォード、大野耐一、ゴールドラットを「3人のヒーロー」として紹介していますが、その考え方や手法に関しては、今日の環境に当てはめて、極めて疑い深く論じています。

本書を疑い深く読み進め、議論をさらに一層深めていただければ、筆者としてこれに勝る喜びはありません。

不確実な時代に勝ち残る、ものづくりの強化書　目次

第2章　ものづくりの「仕組み」の進化と3人のヒーロー

第3章　100年変わらない生産の基本 ――「流れ」と「ばらつき」

Contents

第4章　大きくなると複雑になる

第5章　日本人の苦手な「不確実」で「あいまい」なもの

第6章　これから日本はどう変わっていくのか

第7章　経営資源をダイナミックに組み替え、投入する仕組み

Contents

第1章

不確実な時代をどうコントロールするか

1

起こらない「はず」は必ず起こる

最近、新聞や雑誌などで、「ＶＵＣＡ」という言葉をよく見かけます。

ＶＵＣＡとは、「**Volatility（変動性）**」「**Uncertainty（不確実性）**」「**Complexity（複雑さ）**」「**Ambiguity（あいまいさ）**」の頭文字を取ったもので、あらゆるものを取り巻く環境が複雑性を増し、将来の予測が非常に困難な状態にあることを指しており、今日を表すキーワードとして注目されています。

振り返れば、このような「不確実・想定外」と言われる領域の問題は、１９９０年代に入って大きくクローズアップされてきました。バブルが崩壊し、これまで安定の象徴であった巨大企業や金融機関の破綻・合併が相次ぎ、我々は見たこともない光景にショックを受けました。また2001年の9・11テロ事件では世界貿易センタービルが倒壊、07年のサブプライム問題に続いて、08年にはリーマンショックが起こり、世界中が大激震に見舞われました。そして極めつけは、2011年の東日本大震災、私たちは「想定外」の地震や津波、原発安全神話の崩壊などの「災厄」を嫌と言うほど経験してきたのです。

今日、「未曾有」や「想定外」、「100年に一度」などという言葉を、かつてないほど耳にしますが、こういった未曾有や想定外の事象は、本当に「未曾有で想定外」なのでしょうか。

起こらない「はず」は必ず起こる。これは歴史の教えです。10年ほど前、ベストセラーとなった『ブラック・スワン』で、著者のナシーム・ニコラス・タレブはこう主張します。「スワン（白鳥）はすべて白い」という常識が、17世紀にオーストラリアで黒い白鳥（黒鳥）が発見されて覆ったように、我々が常識や当たり前と思っている状況を逸脱し、予測の範疇を超える不確実なことは頻繁に起こるのだと。そもそも「知性」なんてものも当てにならないし、「思い込み」に過ぎない。こういった常識や通念、思い込みといったものにとらわれ過ぎることのほうが、害が大きいのだと。

そして、その理由として「人は賢いからこそ間違いを犯すのだ。思い込みにとらわれていることで、問題が発生していることにすら気付かない。そして多くの場合、後付けでさもわかったように答えるだけだ」とタレブは厳しく指摘します。そして、今このときに現在進行形で起きていることに対しては、「ヒトは何もわかっていない」し、「物事は予測や理屈の領域の〝外側〟で起こっている」と言うのです。そして極めつけは「私たちは学ばないということを自然とは学ばない」と切り捨てます。

このタレブの主張を、私たちはものづくりの世界でどのように捉えればよいのでしょうか？　明らかなのは、現場にも「想定外」や「不確実」の嵐が押し寄せており、私たちの仕事が大きな変化にさらされていることなのです。

実は、**製造業の「ものづくりマネジメント」は、さまざまな変化やリスク、不確実性との戦いの歴史**でした。本書では、「ＶＵＣＡ時代のものづくり経営のあり方」について、フォードの同期生産方式から、トヨタのＴＰＳ（TOYOTA Production System）、ＴＯＣ（Theory of Constraints：制約理論）など、**オペレーション・マネジメント**（管理技術）の進化の歴史をたどりながら、今日の環境変化を踏まえた進化と革新の方向性を中心に考えてみたいと思います。

ＶＵＣＡがものづくりの世界に与えている影響は単純ではありません。それぞれに、現場に異なった影響を及ぼしています。それを読み解くためには、ものづくりの歴史を紐解きな

オペレーション・マネジメント　Operations Management。企業の経営戦略に基づいて、経営資源を投入し、製品やサービスに変えるプロセスの実行・遂行（オペレーション）を管理する技術。またそれを研究する学問のこと（71ページ参照）。

がら、慎重に検討していく必要があるでしょう。

ＶＵＣＡは今日を表すキーワードですが、単なる流行語ではなく、実は我々が対応しなければならない要素が凝縮されています。その大きな変化は、ものづくりの世界だけではなく、大規模なプロジェクトやシステム開発などの「分業」の世界にも押し寄せています。ＶＵＣＡにどう対応するかは、これらの世界で競争優位の帰趨《きすう》を決めるとも言えるのです。

「人間は学ばないことを学ばない」――タレブのこの言葉、私にはことさら日本人に当てはまるように思えます。なぜそうなのか、順番に見ていきましょう。

2

ものづくりの進化と企業の目的

私たちが今日、当たり前だと思っている、欲しいものが何でも手に入る生活。これは18世紀にイギリスで起きた産業革命による革新（イノベーション）の結果です。この産業革命による工業化以前は、何か製品を生産しようとするときは、それぞれの部品を1個ずつ別々に組み合わせて、1台ごとに手作業でつくっていました。

現代の私たちは、パソコンを組み立てようと思えば、PCショップに行って部品を購入することで、さまざまなスペックのパソコンを簡単に組み立てられます。部品の互換性が担保されているからです。この仕組みのルーツ――同じ部品ならどれでも同じように組み立てができるという、「部品の互換性」は、19世紀にアメリカで完成しました。これによって、作業

フレデリック・テイラー　Frederick Winslow Taylor（1856-1915年）。アメリカ合衆国の技術者・経営学者。1911年に『科学的管理法』を著すなど生産管理手法の近代化に貢献し、「科学的管理法の父」と呼ばれる。

を細かく単純作業に分解して、非熟練作業者でも仕事を分業することが可能となったのです。

そして20世紀に入り、フレデリック・テイラーやフランク・ギルブレスらによって「**科学的管理法**」が開発されると、仕事をさらに細かく、要素作業に分解して改善することで、生産能率を劇的に向上させることが可能になりました。

フォードからトヨタ、TOCへ

この科学的管理法（テイラーシステム）は、フォード社にも導入され、仕事を単純作業に分解し、コンベアの速度に合わせて同期を取る同期生産方式が編み出されます。「鉄鉱石を溶鉱炉に入れてから完成車が出てくるまで2日間」と言われた、同期一貫生産の仕組みは、驚異的な生産性の向上を実現しました。T型フォードは、1909年から19年間にわたって1500万台以上が生産されたといいます。フォード生産方式は「できるだけ多くの数量」を「できるだけ速く」つくる、当時としては画期的な生産方式だったのです。

その後、ヘンリー・フォードの考え方に学んだ日本企業が、戦後の焼け野原から世界に羽ばたきます。スーパーマーケットの在庫補充方式をヒントに、生産の流れを犠牲にすること

フランク・ギルブレス　Frank Bunker Gilbreth, Sr.（1868-1924年）。アメリカ合衆国の技術者・コンサルタントで、動作研究や作業の標準化など初期の科学的管理法の発展を支えた。作業分析の方法論であるサーブリック法は現在でも頻繁に用いられている。

なく複数の車種を生産する「トヨタ生産方式」が誕生したのです。かんばん、あんどん、平準化生産、タクトタイムでの同期生産、ニンベンのついた自働化、ジャストインタイム、多車種混合ライン、ムダの徹底的排除などなど、**「流れのスピード」を上げるさまざまな創意工夫による改善**が継続的に行われ、トヨタは次第に国際競争力を高めていきます。

そして1970年代、アメリカ製造業が圧倒的な優位性に安住し、品質向上の努力を怠っているうちに、日本企業が信じられないほど高品質の製品を引っ提げてアメリカ市場に進出してきました。これは日本企業が、品質管理の権威であるW・エドワーズ・デミング博士の教えなど、アメリカの最先端の管理技術に学び、第一線の従業員をも巻き込んだ改善活動を進めた結果です。自動車・テレビ・工作機械など、どれをとっても日本製品は安く、故障が少なく、安心して使用できるようになっていたのです。

1970～80年代は、アメリカに追いつき追い越せでやってきた日本の製造業のビジネスモデルが一つのピークを迎えた時期でした。自動車・テレビ・家電製品・半導体など多くの製品が圧倒的な競争力で市場を席巻した時代だったのです。その結果、激化する貿易摩擦の中で、日本研究も盛んに行われ、79年には、ハーバード大学のエズラ・ヴォーゲル教授が『ジャパン・アズ・ナンバーワン』を出版し、日本でもベストセラーになりました。その結果、私

W・エドワーズ・デミング William Edwards Deming（1900-1993年）。アメリカ合衆国の統計学者・コンサルタントで物理学・数学博士。ニューヨーク大学経営大学院の教授を務め、第2次世界大戦後のアメリカを中心に、日本を含め生産管理・品質管理の分野に多大な影響を与えた。

たちは日本が世界一の経済大国になったという幻想をも抱いたのでした。

そして、80年代のアメリカでは「日本に学べ」がブームとなります。日本のものづくりを冷静に研究し、トヨタ生産方式は「リーン生産（ＴＰＳ）」、日本的品質管理は「シックスシグマ」など、そのエッセンスを欧米流に体系化し、新しい経営手法として普及しました。トヨタ生産方式は、ＭＩＴ（マサチューセッツ工科大学）のジェームズ・ウォマック博士らによって徹底的に研究され、リーン生産と名前を変えて、彼の著書『リーン生産方式が世界の自動車産業をこう変える。』（１９９０年）で全米に広まりました。

また、本家であるトヨタ自動車も激化する貿易摩擦に配慮する形で、アメリカにトヨタ・サプライヤー・サポート・センター（ＴＳＳＣ）を設立。そのノウハウを広く開示・指導したことにより、さらに大きく普及することとなったのでした。

その後、トヨタ生産方式を徹底的に研究し、まったく違う形で生まれたのがＴＯＣでした。１９８０年代の半ば、ＴＯＣの開拓者であるエリヤフ・ゴールドラット博士は、工場改善をテーマにした小説『ザ・ゴール』を発表し脚光を浴びます。

生産ラインの能力はボトルネックで決まる。工場の生産性を改善するためには、ボトルネックの能力を最大限引き出せばよく、ボトルネックだけは詳細なスケジューリングを行い、他の工程はボトルネックに従属させるというDBR（Drum Buffer Rope／ドラム・バッファ・ロープ）と呼ばれる生産管理方法が提案されたのです。TPSではうまく成果を出せない多くの企業にとっては、緻密な管理を要求するTPSに比べてDBRの簡便さが極めて魅力的であり、「**ボトルネック工程にだけ集中する**」というTOCの考え方は大いに期待されることとなりました。

企業の目的（原理）を進化論的に考える

企業の目的とは何でしょうか？

株式会社は株主から集めた資本を増やし、成長するためにしのぎを削っています。従業員は豊かな生活を送るために、日々仕事をしています。そして我が社のお客様は、我々が丹精込めてつくった品物で潤いのある生活を送っています。

私たちのビジネスの目的は、「倉庫を満杯にするためにつくること」ではなく、「売ること、そしてお金を儲け増やすこと」であり、ましてや皆が忙しく働くことが目的ではありませんし、顧客からお金を搾り取ることが目的でもありません。

企業がキャッシュを増やすために行うことは、入ってくるお金を増やして出て行くお金を減らすこと、すなわち「売上を上げてコストを引き下げること」が必須なのです。

私たちは日々、生き残りをかけた大競争の中で生きています。進化論で有名なチャールズ・ダーウィンは「最も強い者が生き残るのではなく、最も賢い者が生き延びるのでもない。唯一生き残るのは、変化できる者である」という言葉を残しています。私たちが考えなくてはならないのは、この言葉の裏側にある「**なぜ、絶滅する種と生き残る種がいるのか**」という深い問いです。生き残る者とそうでない者を分かつ差は、「たまたま」環境に適応し、有利な「進化」をしたかどうかだという事実があるのです〈図表1〉。

ですから、ダーウィンの説が示すのは、何

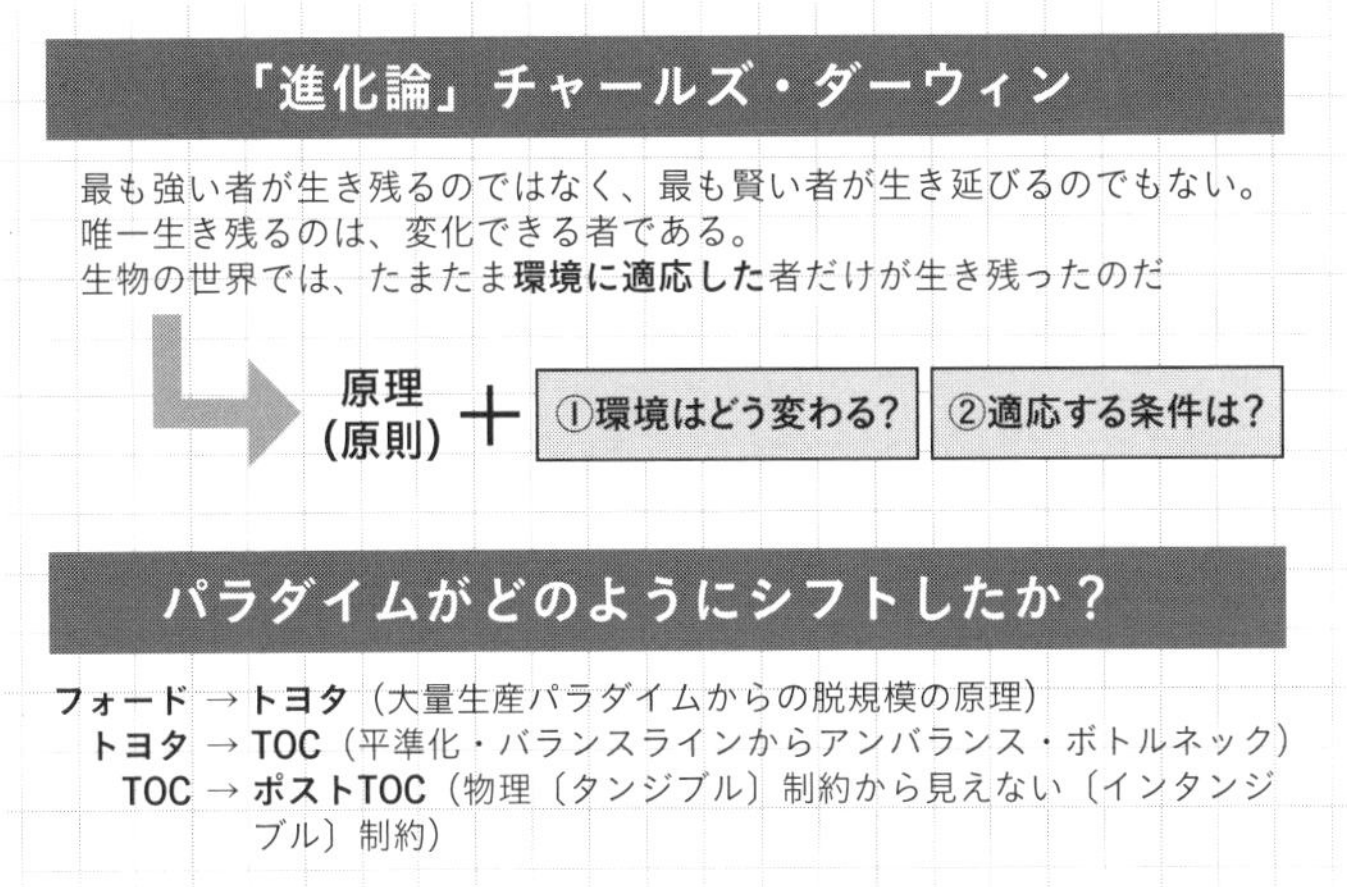
「進化論」チャールズ・ダーウィン
最も強い者が生き残るのではなく、最も賢い者が生き延びるのでもない。
唯一生き残るのは、変化できる者である。
生物の世界では、たまたま環境に適応した者だけが生き残ったのだ
原理（原則）
＋
①環境はどう変わる？
②適応する条件は？
パラダイムがどのようにシフトしたか？
フォード → トヨタ（大量生産パラダイムからの脱規模の原理）
トヨタ → TOC（平準化・バランスラインからアンバランス・ボトルネック）
TOC → ポストTOC（物理〔タンジブル〕制約から見えない〔インタンジブル〕制約）

図表1　「企業の目的」への進化論的なアプローチ

ら教訓・格言的なものではなく、深い自然観察から導き出された冷静な事実——人間も生物の一種であり、他のいかなる種以上でも以下でもないということ。つまり、ダーウィンの考えた「進化」とは、生き物が環境の変化に合わせて、生活する様式を「特殊化」していく過程に過ぎません。

こう考えると、私たち日本企業が大競争の中で生き残っていくために必要なことは、環境がどう変化するかを的確に見極め、その変化に対応するために、どう進化すればよいかを組織で考え、「仕事のやり方」を変えていくことなのです。

3

対照的な「流れ」と「量」の原理

私たちは会社が存在し続け、栄え続けるために日々努力しています。ここでは、「フォードの同期生産方式」「TPS」「TOC」という、リードタイムを短縮し、投資回収を早くするという**「流れ」を重要視するパラダイム**と、GM（ゼネラルモーターズ）の大量生産方式に代表される、コストを引き下げるために**「量」を重要視するパラダイム**という2つのトレンドが、オペレーション手法としてどう絡み合いながら進化してきたかを見ていきます。

「入ってくるお金」と「売上」、「出て行くお金」と「コスト」は、それぞれ似ていますが、同義語ではありません。どちらを使うかは、「流れ」を重視するか「量」を重視するかによって違います。視点としていずれを選ぶか、しっかり見極めて考えていくことが不可欠です。トヨタやTOCは、入ってくるお金と出て行くお金の「リアルキャッシュフロー」を大切にし、GMに代表されるかつてのアメリカ企業は、売上を上げてコストを引き下げ、会計上の利益を上げることを徹底する管理の仕組みを構築していったのです。

これらの考え方（ポリシー）は、ものづくりの世界に、実に100年以上にわたって大きな影響を与えてきました。そして今日、これらのポリシーはVUCA環境の中でどのように変化していくのでしょうか、いや進化させていくべきなのでしょうか？

トヨタの「流れ」の原理

トヨタ生産方式をつくり上げてきた大野耐一《たいいち》（元トヨタ副社長）は、『トヨタ生産方式（英語版）』の序文で、時間の「流れ」という視点でこんな言葉を残しています。「我々がやっているすべてのことは、お客様が注文してから我々がその代金を回収するときまでの時間を見ることであり、その時間を短くすることである」。

この教えは、1950年の不況でトヨタが倒産の危機に瀕した際に、銀行から融資を受ける代わりに、製造部門は売れただけの台数を生産する仕組みを構築することを余儀なくされたところから発し、同社はそこから一歩ずつ「**売れないものをつくらないための仕組み**」を築き上げてきたのです。

トヨタでは、この時間を短くすることを「ムダを取る」と呼びます。

たとえば、20秒で1個生産するところを、10秒で1個つくれるようになったとしても、つくったものが売れないとするならば、結局はつくり過ぎの「ムダ」が生じ、ここからさまざまな「ムダ」が派生的に生まれます。ですから、大野はムダという概念について「余裕があるから作業者もしくはラインは、放っておくと必ず前へ進む。これを放置すると『ムダ』が隠れてしまう。すなわち、つくり過ぎるということは、作業者の多過ぎ、材料、動力費、副資材などの先喰い、作業者への賃金の先払い、仕掛品、製品の金利負担と整理整頓、倉庫面積、部品運搬等の計り知れない『ムダ』が発生する。低成長期においては、つくり過ぎは罪悪である」と戒めています。

同氏は、GMに代表される、量を追求する生産方式（ポリシー）に対して、明らかに「つくり過ぎのムダ」に陥っているのではないかと疑問を呈します。そして、これに対する戒めとして、付加価値を高めない「7つのムダ」を具体的に挙げて排除し、「売れた分だけをつくる」ことを徹底したのです。この「7つのムダ」について、次に簡単にまとめます。

①つくり過ぎのムダ……すぐには売れないものをつくることによって、材料・保管スペース・余計な運搬・仕掛品といった新たなムダを呼ぶムダです。７つのムダの中で最も悪いと定義されています

②手待ちのムダ……製造現場に待ちが生じ、作業したくてもできない状況です

③運搬のムダ……仕掛品の移動、拠点間の配送など単純に付加価値がつかず運んでいるだけのムダです

④加工そのもののムダ……精度が悪いから追加工するなど、本来なら不要な加工や作業などを行っているムダです

⑤在庫のムダ……在庫があると安心してしまいますが、余剰在庫こそがムダなのです

⑥動作のムダ……仕事しているようでも、無理な動きなど作業者に由来するムダです

⑦不良をつくるムダ……不良を生み出してしまうムダと不良を修正するムダです

もう一つの「量」の原理

大野の教えの対極が、大量生産・大量消費パラダイムに代表される、「これだけ売れる（できる）だろう」という計画に基づき、担当をそれぞれに割り振って分業し、業務を遂行する

というスタイルです。このスタイルは、フォードとの熾烈な競争に勝利を収めたGMが1920年代に築き上げました。

低コストを実現するために、機械の稼働率を高くして大量の製品をつくる。管理会計の計算上のコスト（製品ごとの時間・人）を引き下げるために、それぞれの分業を一つの独立したユニットとして捉え、各ユニットができるだけ多くの製品をつくるという仕組みを構築したのです。これがいわゆる大量生産パラダイムで、各部門が横の流れや連携を考えることなくたくさんつくる。そうすれば、実際に売れなくとも、見かけのコストが下がって安くなったように見えるという、「物量」指向の考え方です。

1920年代のGMが広めたことは、

①とにかくたくさんつくれば安くなる。その意味で「在庫」は善である
②誰もが忙しく働くことが、コストの最小化につながる。その意味で「ゆとり」は悪である

という考え方です。

確かに、1920年代から70年代までの半世紀は、紆余曲折があったにしろ世界は成長を続け、つくったものが間違いなく売れた時代でした。その意味では、大量生産方式は大幅に

コストを引き下げる「魔法の手法」として機能してきました。

しかし今日、つくったものが間違いなく売れるという保証はどこにもありません。変化の時代である現在に、さまざまな問題を生み落とした元凶がこの考え方なのです。

ものづくりを支える管理システム

ものづくりは、生産そのものを行う「現場での直接作業」と、それを支える「管理業務」の2種類の業務があって成り立っています。

流れを重視することも、量を重視することも、直接的に作業をする「現場」が方針を決定するわけではなく、「経営」を担う管理者が方針を決定して実行します。

こうした管理業務に対して、現場の役割は、製品を正しく生産して顧客に届けることです。この基本機能を果たすためには、まず「何を」「いくつ」「いつまでに」つくるかという、基本の情報（計画）が必要です。なぜなら、これらの基本情報が決まった上でないと、「どこで、どうやって」という次の段階の業務、部品を調達したり作業スケジュールを立てたりする計画は作成できないからです。

基本的に、ものづくりの現場には、「知らなかった」は存在せず、**「知らない」や「不確実」ではない「確定情報」**に基づいて、関係部署が相互に協力して生産し、お客様に良品を届けています。これがいわゆる計画（Plan）―実行（Do）のサイクルであり、この実行度合いをチェック（Check）して、差異があれば是正（Act）を行うという流れが管理の基本サイクルなのです。

この管理サイクルは、業務が上流から下流に向かって一方向に流れて行く仕事の進め方です。一般的にこういった「ウォーター・フォール」と呼ばれるスタイルの業務遂行では、組織を細かく分けて統制する、官僚型のマネジメントが行われます。定められた計画に対して、その進捗の差異（逸脱）を見て、管理していく進め方です。そして、もし生産を統制する中で、何らかの異常が発生した場合は、何らかのフォローアップ（是正指示）が取られることになります。

しかし現実は、「確定情報が粛々と流れる」という理想と違って、日常業務の中で繰り返し発生する「問題」や「トラブル」に振り回されてしまっているのが実際のところではないでしょうか。

4 企業の目的を阻害するもの

私がどう行動するか知りたければ、私をどう評価するか教えてください。

これは「人は評価されるように動くものであるという」アメリカの諺ですが、私たちも例外ではありません。今日、経理部門を中心として行われている会計制度は、1920年代にGMで採用された仕組みであり、現在では主に決算や納税に使うために、「財務会計」と呼ばれています。

TOCの開発者であるゴールドラット博士は長年、この財務会計に基づく原価計算は生産性の最大の敵であると主張してきました。このGMシステム——いわゆる現状の会計制度に基づく原価計算が生産システムに与える影響を少し見ていきましょう〈図表2〉。

原価計算は生産性の敵　ゴールドラット博士は、1983年にアメリカ生産管理在庫管理学会で発表した論文で「今日の原価計算は無効な前提の上に成り立っており、その数字は意思決定には何ら役に立たないばかりではなく誤った意思決定を導き出す可能性がある」と主張した。

企業目的を阻害するもの

工場で生産業務を行っています。人件費は月に10万円の給料を固定給で支払います。生産する製品は1個当たり1万円の仕入れ材料が必要です。ちなみに、元手（資本金）は10万円です。
※いずれのケースも償却費や動力費（ユーティリティ費用）等は発生せず

生産費を月10個とした場合の製造原価は？
材料費（10,000）＋労務費（100,000 ÷ 10）＝ 20,000

月10個販売した場合の損益は？
売上（20,000 × 10）－販売原価（20,000 × 10）＝ 0

生産量を月20個とした場合の製造原価は？
材料費（10,000）＋労務費（100,000 ÷ 20）＝ 15,000

月20個生産し、月10個販売した場合の損益は？

売上（20,000 × 10）－販売原価（15,000 × 10）＝ 50,000

それぞれのケースのキャッシュ（お金）の増減は？
10個生産、10個販売の場合は収入200,000、支出200,000で増減なし
20個生産、10個販売の場合は収入200,000、支出300,000で**マイナス100,000円**

10個生産　10個販売で
1年間頑張った

賃借対照表			
現金	100,000	資本金	100,000
製品			
		当期利益	0

損益計算書			
販売原価	2,400,000	売上高	2,400,000
当期利益	0		

20個生産　10個販売で
1年間在庫を溜めた

賃借対照表			
現金	0	資本金	100,000
製品	1,800,000	借入金	1,100,000
		当期利益	600,000

損益計算書			
販売原価	1,800,000	売上高	2,400,000
当期利益	600,000		

図表2　生産量・販売量とコストの関係

たくさんつくれば安くなる（ように見える）

ゴールドラット博士は、私たちは日常の仕事の中で、「お金をつくることから遠ざかる行為」を無意識のうちに行っているといいます。

簡単な例として、たとえば固定給10万円で人を雇って、販売価格2万円、材料費1万円の製品を生産するケースを考えてみます。

生産量が月10個なら1個当たりの製造原価は2万円ですが、月20個生産すれば原価は1万5000円に下がります。したがって、月20個生産すれば、1個当たり5000円の利益が残る計算となります。ただ、実際の需要が月10個しかなければ、10個つくっても20個つくっても売上高は一定の20万円にしかならず、手元の現金は10万円のマイナスになります。変動するのは材料費の仕入れ金額のみです。

これで利益計算をしてみるとどうなるでしょうか？　売上の20万円に対して、当月に売上原価として計上されるのは、販売に対応した10個分の原価15万円のみで、計算すると5万円の利益が残ります。

皆さんは「おかしいじゃないか、残った10個はどうしたんだ?」と思われるかもしれませんね。しかし、これが企業会計の原則で、残った10個分の製造原価は、バランスシート（貸借対照表）に「資産」として計上されます。

このため、売れないのに増産したとしても、売上原価は増えません。それどころか、極端な場合、**需要が増えず、売上も増えていないのに増産することで、利益を増やす粉飾決算の操作にさえ使えてしまう**のです。しかし実際には、売れない在庫をつくってコストダウン（個別原価の見かけ上の低下）を達成しても、キャッシュフローは逆に悪化し、会社に深刻なダメージを与えることになります。

これら原価計算の仕組みから導き出される指標は、生産性・収益率・回収・予算達成度・目標原価など、企業によってさまざまに呼ばれていますが、実態は同じ「たくさんつくれば安くなったように見える」という「誤った」パラダイムに基づいた評価指標です。いくら「つくり過ぎや在庫はムダ」だと叫んでも、このパラダイムは、「評価」と連動して企業の隅々まで根を張っています。

つまり、この個別原価計算のパラダイムでは、「アクセル」の効き目は大変いいのですが、「ブレーキ」はあってなきがごとき意思決定が行われてしまうことになるのです。

TOCでの企業の目的は「スループット最大化」

これに対して「流れ」をつくるTOCでは、工場での生産活動の目的を「**スループットを増大させ、在庫を削減させること**」と主張します。

スループットとは、ある一定期間の中で企業の中を流れる、「お金」と同等物の流量を表します。流量とは会計上の粗利益、もしくは限界利益と同じものであり、簡易的に計算する場合は、製品の売上高から資材費を引いたものと考えてください。

製品を1個多く販売すれば、その製品のスループット分だけ全体のキャッシュが増加します。企業の最終利益は全製品のスループット総額から全体の業務費用を引いて残った額であり、スループット総額の最大化を目指せば自ずと企業が生むキャッシュも最大にできるということなのです。このことは「企業の目的はキャッシュを生み出すこと」という大原則をそのまま表現しています。そしてTOCでは、キャッシュを生み出すための取り組みとして、

①スループットの増大
②在庫（資材・原材料、仕掛品、製品など）の低減

③業務費用（資材費以外の総経費、直接人件費も含む）の低減

の3つを挙げ、この順に実行すべきとしているのです〈図表3〉。

スループットを最大化するという視点で見ると、フォードもトヨタも基本的にすべてTOCと同じ考え方です。ヘンリー・フォードは著書『藁のハンドル』の中で「製造における時間という要素は、原料が大地を離れた瞬間から、完成品が消費者に手渡される瞬間にまで及ぶ。（中略）時間を考慮することは動力の利用や分業と同列に位置する節約およびサービスへの一つの方法なのである」と表現しました。トヨタは前述のように「我々がやっているすべてのことは、お客様が注文してか

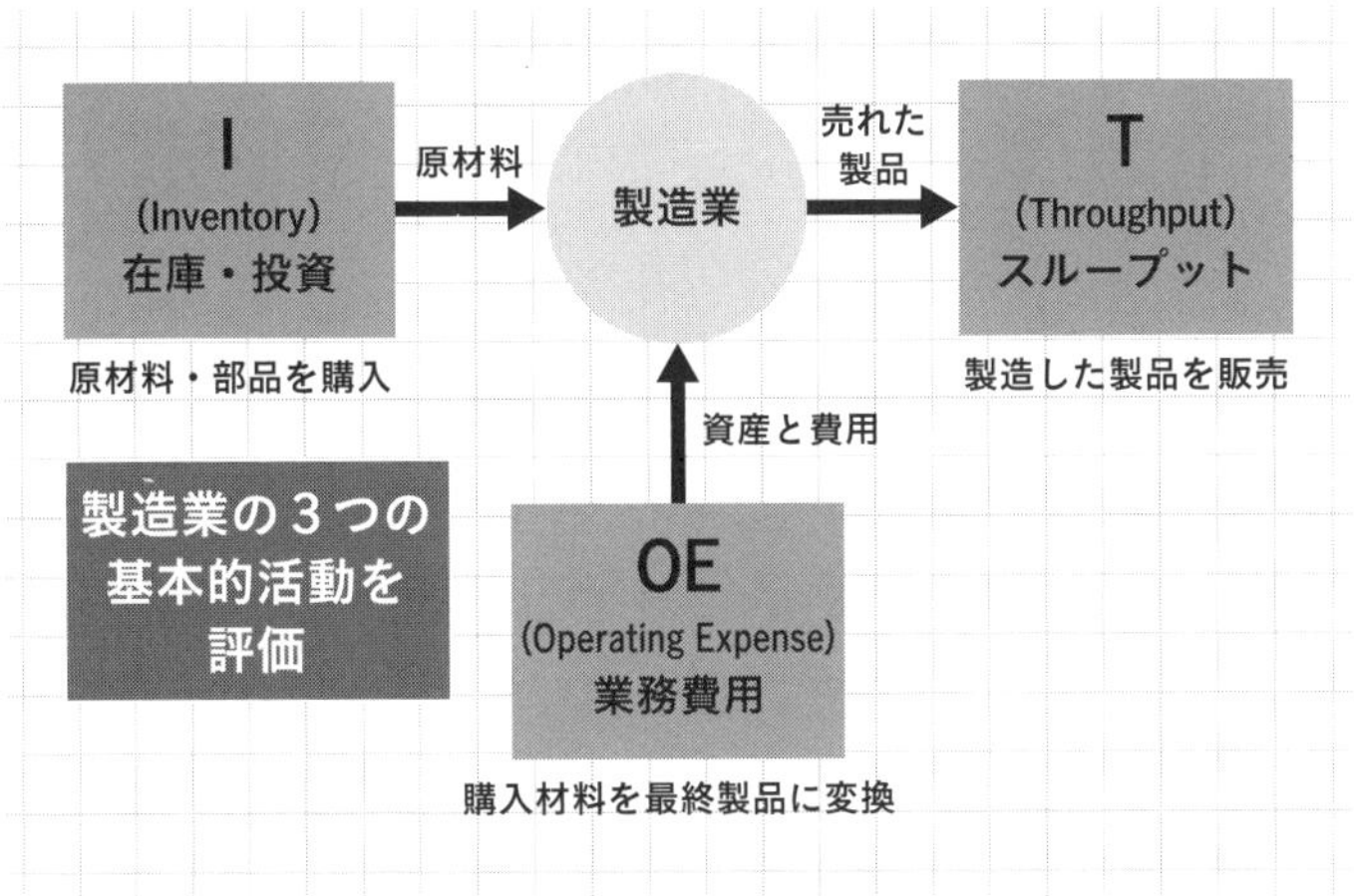

図表3　製造業の3つの「キャッシュを生み出す取り組み」

ら我々がその代金を回収するときまでの時間を見ることであり、その時間を短くすることである」と言います。ゴールドラット博士はこれを抽象的にスループットと表現したのです。

この流れの考え方を理解する上でとても重要なのが「時間」の概念です。

すべての人間や組織にとって等しく、かつ有限なのが時間です。同じ24時間をどのように有効に使うかによって、企業業績は左右されます。ゆえに、**企業の業績を考えるときに重要なのは、利益に時間の概念を加えた「時間当たりの利益」**なのです。それは、同じ1万円の利益を生み出すにも、1時間で生み出すことが可能なのか、24時間を必要とするのかを認識しなくてはならないということを意味します。

この「時間当たり利益」を認識することは、ある意味で、〝コロンブスの卵〟的発想かもしれません。時間という概念は、水や空気と一緒で当たり前であるがゆえに、通常はあまり競争の源泉として意識されることはないはずです。

しかし、スループットの最大化を目標に掲げると、従来、経費低減に注力しがちだった企業に、「スピード」の重要性を認識させることができます。リードタイムを短縮すれば、投資されたキャッシュの回転が改善され、スループット総額が増えます。その結果、サプライチェーン内に棚卸として滞留するキャッシュは減り、経営効率は飛躍的に高まるのです。

問題点は何か？ ――投資・賃金・効率の「3低」経営

このように、低成長の今、大量生産によるコスト引き下げというパラダイムはすでに限界に達しています。この20年間、日本経済はデフレに苦しみ、政府はこれに対応するためにさまざまな施策を推進してきました。しかしながら、根強く続くデフレ心理の下で消費・設備投資は力強さを欠き、潜在成長率も1％を下回っており、投資した資本が回収できないという極めて厳しい状況が続いています。

この背景には、アジア・アフリカ・南米などの新興国の勃興によるコスト競争の激化、成熟社会における市場縮小、モノ余りと供給過剰などによる製造業の空洞化などがあり、私たちの仕事や暮らしに深刻なダメージを与えています。

また、デフレの進展とともに、我が国の労働人口が加速度的に減少する時期に入りました。ある試算では、2005年から2025年までの20年間で実に200万人も労働人口が減ると想定されています。これだけ労働力が少なくなると、もはや成長を維持することができず、市場が縮小し、GDPの減少、税収不足、公共サービスレベルの低下といった負の連鎖も懸念されているのです。

日本生産性本部が毎年実施している労働生産性の国際比較によれば、２０１７年の日本の１時間当たりの労働生産性は47・５ドルで、経済協力開発機構（ＯＥＣＤ）加盟35カ国の中では20位と下位に甘んじています〈図表4〉。おまけに、この労働生産性の水準はアメリカの72・０ドルの３分の２程度に過ぎず、データが取得可能な１９７０年以降、先進７カ国の中で最下位の状況が続いています。

低い生産性によって、企業の収益力は向上せず、長年続く低収益傾向によって、企業は人件費を変動費化することに取り組まざるを得ず、実質賃金はほぼ右肩下がりで減少し、１９９７年を１００とした場合、２０１９年には86％（１〜７月平均）にまで低下しているのです（厚生労働省「毎月勤労統計調査」）。

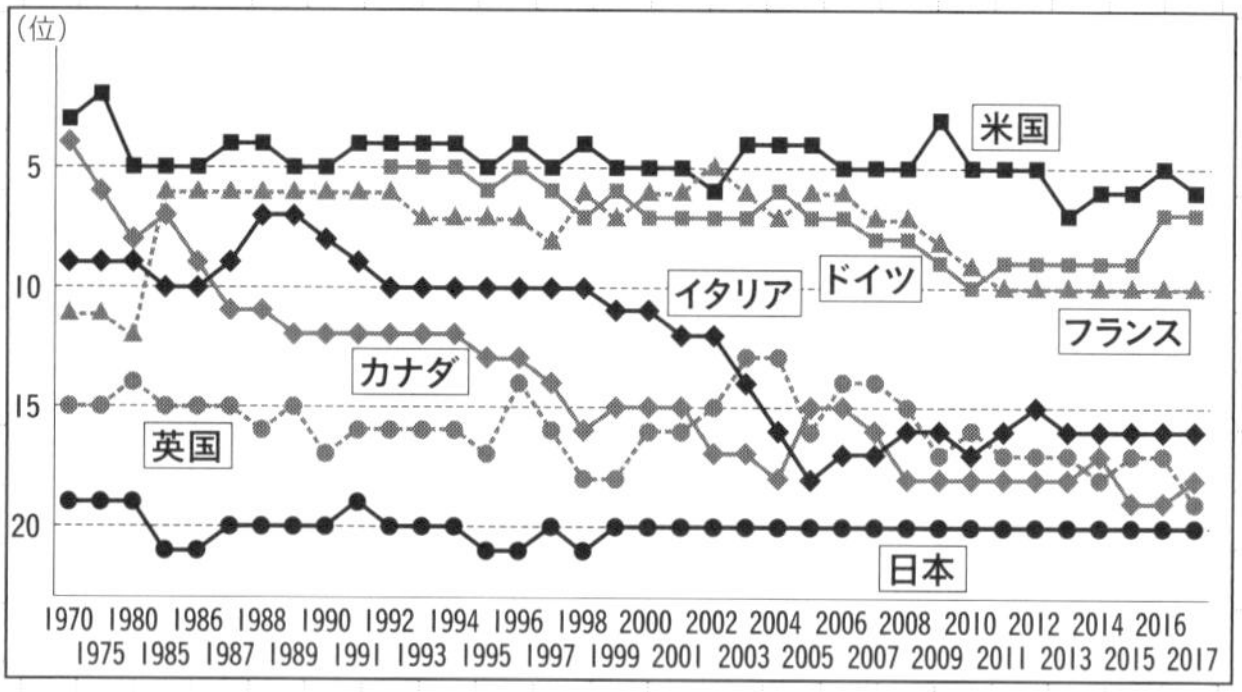

出典：日本生産性本部「労働生産性の国際比較2018」

図表4　OECD加盟国中の先進7カ国の時間当たり労働生産性の順位

また、低い収益性の影響は企業の設備投資にも及び、キャッシュフローに占める設備投資額の比率は1991年度には133％だったものが、2018年度は82・2％に低下したままです（日本政策投資銀行調べ）。

このように、低い生産性、設備投資と賃金の冷え込みという「三低経営」が日本経済の長期停滞の大きな原因だという指摘にもうなずける部分が多々あります。個々の企業はこのような状況の中で、利益確保の対策として投資や人件費を抑制し、利益を確保する行動に走り、さらに日本経済の停滞を生み出しています。

これに対して我々が成すべきことは、**より短い時間で、より多くのキャッシュという果実を生み出す**こと、真の意味で生産性を向上させることに尽きます。生産性が上がれば賃金も上昇し、設備投資も復活し、「逆三低」の経営が実現され、日本の国際順位を押し上げることにもつながるはずなのです。

アメリカの学び方に学ぶ

どのようにすれば速く、安く、確実に、楽に、そして質の高いものづくりができ、ライバルを凌駕できるのか——世界中のものづくりの現場では、この問いに答えるために、さまざまな課題や問題と格闘してきました。
すでに述べたように、1980年代のアメリカは、製品の品質やコストで日本に大きく遅れを取っていましたが、これらの課題を解決するために、日本のものづくりを徹底的に研究し、科学的思考と組み合わせながら誰でも理解できるような形で「ものづくりの手法（考え方や手順）」を体系化していきました。こうした科学的な分析や体系化によって、リーン生産やシックスシグマなどの手法体系が確立され、品質や生産性を上げる具体的なノウハウとして、アメリカ企業のグローバルな展開に伴い世界中に広がっていったのです。

歴史をひもといてみれば、日本は「現場力の強さ」でここまで発展してきた国とも言えます。アメリカをはじめとする、欧米諸国のような良い製品をつくりたい、豊かな暮らしを手に入れたいという「憧れ」を目標として、もともと持っていた勤勉性を活かして愚直に努力してきました。高度成長期の学校教育も、均質な人材を輩出することに貢献し、飛躍の一助となっていたことは間違いありません。

一方で、その「憧れ」を手に入れるために、長い間「ライバルよりも良いものをつくる」という追いつき追い越せの競争が求められてきました。これは戦うべきドメイン（領域）が明らかで、ライバルが明確に見えている場合は、競争自体がとてもわかりやすく、従業員の意欲も簡単に喚起できました。しかし、今日では同じマーケットの中にもさまざまなプレーヤーが入り乱れて複雑な競争が行われ、マーケットの構造やプレーヤーが変わっているにもかかわらず、これまでと同様に「勝つ」という単純なマインドセットだけが強化されているように見えます。

このような状況から、私たちがすべきなのは、もう一度、アメリカに教えを請うことなのでしょうか？

東京大学の藤本隆宏教授が指摘するのは、我々は「ものづくり」に関する確固たる歴史観を持つことが重要であるということです。私は、藤本教授の指摘する歴史観とは、本書でさまざまな角度から検討していく「ものづくりの原理原則と環境変化の関係」を正しく捉えることにほかならないのではと考えます。この歴史観の欠如は、やみくもな舶来システムへの迎合を生み出すだけではなく、環境変化に対して短期的な過剰反応をもたらし、何ら蓄積をもたらさないのではないでしょうか。

そして、私たちにとっては、80年代以降のアメリカの「学び方」に学ぶという視点を持ち、自らの将来への方向性を持った上で、国内外の先端事例やエクセレントカンパニーの事例を冷静に分析しながら、「自らの歴史」からもう一度学ぶという**「進化論」的な学習**が最も重要なのです。

5
VUCAとものづくりの世界

ここからは、時代を表すキーワードであるVUCAとものづくりの関係を考えていきます。

あらためて、「VUCA」とは、不安定で変化が激しく（Volatility）、先が読めず不確実性が高い（Uncertainty）、かつ複雑で（Complexity）あいまい模糊とした（Ambiguity）世の中、という意味合いで、ビジネスの世界では、企業を取り巻く市場環境が不安定で不確実、かつ複雑であいまい模糊な混沌とした状況である、ということでした。

実際に、ものづくりを取り巻く環境は大きく変わり、現場にも「不確実」や「想定外」が押し寄せています、需要予測は当たらないし、顧客仕様が「あいまい」で明確なスペックが定義できない。発注した部品が多過ぎたり、入ってこなかったりします。ここではいったい何が起きているのでしょう。

VUCAのそれぞれの要素

前述のように、ものづくりの世界の情報は、VUCAではなく、PDCAの計画サイクルに基づく「確定情報」が基本です。では、私たちがものづくりの世界で立ち向かわなければならないVUCAとは、具体的にどんな状況なのか？　実はV・U・C・Aの4つの要素が持つ影響は、それぞれ違う形で我々のものづくりの環境に悪影響を与えています。

VUCAと戦うためには、まず「相手」を知ることが大切です。VUCAそれぞれの定義と、一般的な扱い方を順番に見ていきましょう。

①変動性（Volatility）

不安定で変化が激しいという意味合いですが、ものづくりの世界では、変動性よりも、いわゆる「**ばらつき**」として考えるほうがより現実的です。ですから、英語表記としては「Volatility」よりも、統計的変動を表す「Variation」のほうが適切かもしれません。ここではその「ばらつき」の定義として、変動の内容が知られており、その発生確率もある程度想定できる、いわゆる「統計的なばらつき」として考えます。

具体的には、たとえば生産現場での繰り返し作業や、コールセンタの問い合わせ対応、建築現場での一般作業などです。これらは、一つひとつの時間のばらつきも想定できるので、IE（Industrial Engineering）的な改善やTOCのDBR（ドラム・バッファ・ロープ）やTPSのかんばん方式（いずれものちほど詳述）などのオペレーション・コントロール手法が適用できます。

このようなばらつきを管理するポイントは、図表5に示すように、分布（ヒストグラム）や平均、標準偏差などを把握して、大きな変動や逸脱が見られる場合はその要因をつかんで対策を打ったり、時系列の変化を示す管理図などを使って数値の推移を見ながら対策したり、適切な安全余裕を設定して対応したりすることです。

②不確実性（**Uncertainty**）

次は「不確実」です。この言葉、実は定義することが極めて難しい言葉です。文字通り**「確実ではないこと」すべて**を指すからです。狭義の不確実性とは、リスクの内容は知られているものの、その発生確率は不明なため、統計的に表すことができないものを指します。ただし、ある種の不確実性の程度は、一般的に定量的に推定される場合があるとされます。

ヒストグラム　統計でデータの度数分布（ばらつき）を表すグラフの1つとして利用され、「柱状グラフ」とも呼ばれる。縦軸に度数、横軸に階級を取り、各階級の度数を長方形の柱で示す。

これは、たとえば鉱山や油田の探査、新製品開発、ソフトウェア開発など、「確率的に表せるようにリスク分析ができる事象」という意味合いです。ですから、一般的な対応としては、発生した場合の被害リスクを確率化して織り込むことや、被害想定をマップ化してあらかじめ対策することなどが行われます。

③複雑さ（Complexity）

「複雑」とは、事象や構成要素の関係性が込み入っていること、入り組んでいて、簡単に理解・説明できないこと、一面的ではなくその姿を捉えることが容易でないことを表します。簡単に言えば、**考慮すべき「要素」の数が少なければ単純、多ければ複雑**になります。

市場・顧客ニーズが多様化した今日の経営

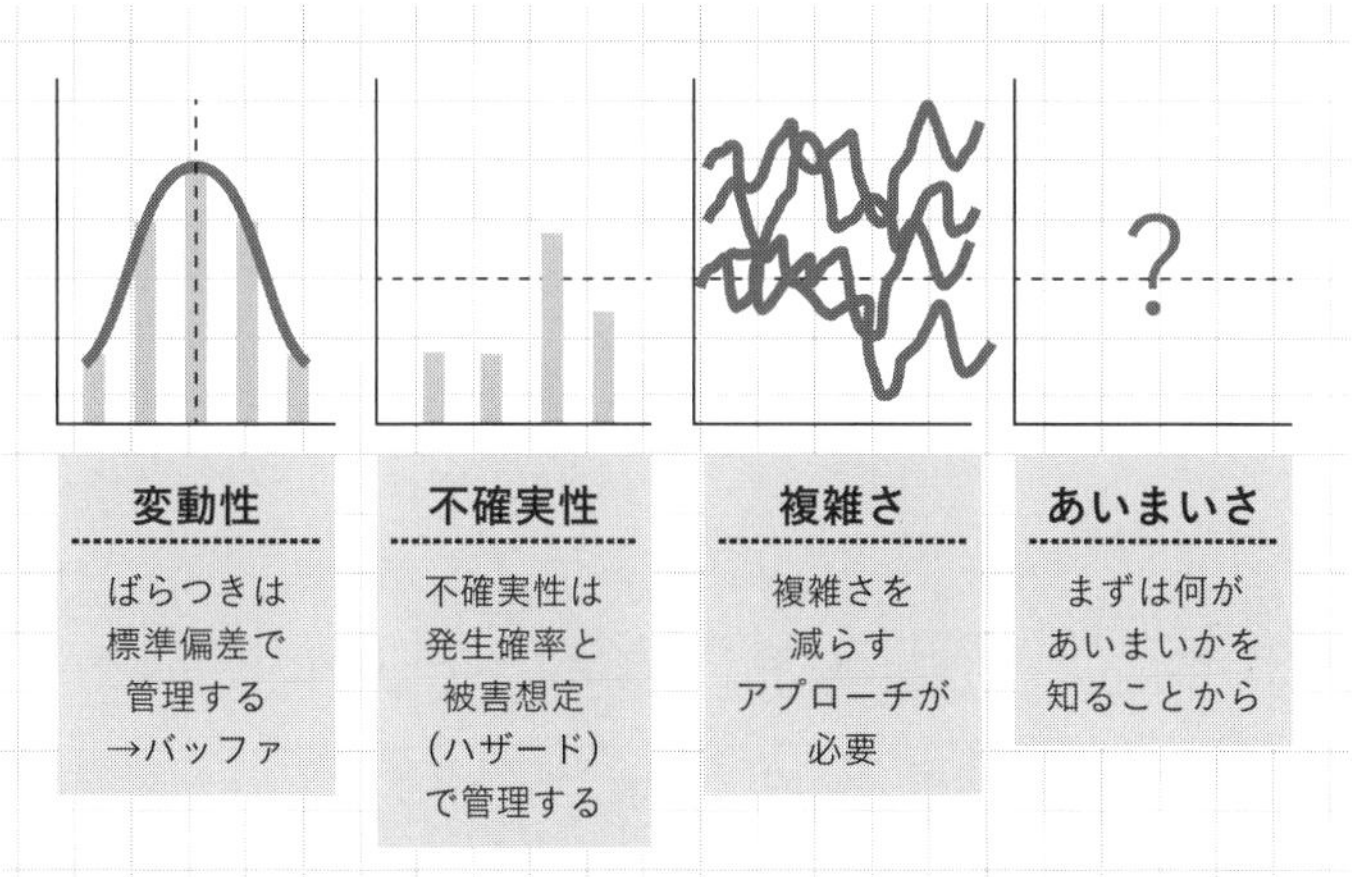
変動性
ばらつきは
標準偏差で
管理する
→バッファ
不確実性
不確実性は
発生確率と
被害想定
（ハザード）
で管理する
複雑さ
複雑さを
減らす
アプローチが
必要
あいまいさ
?
まずは何が
あいまいかを
知ることから

図表5　V・U・C・Aそれぞれの扱い方

狭義の不確実性　英ランカスター大学のブライアン・ウィン教授が2001年に発表した論文での不確実性の分類（大阪大学の平川秀幸教授が2002年に論文内でまとめたもの）を参照。

環境では、多様な要素が絡み合い、問題も非常に多岐にわたり、複雑になっています。この複雑さにどう対応するかによって、組織のパフォーマンスは大幅に変わってきます。一般的に複雑さへの対応は、「できるだけ要素の数を減らす」というアプローチが取られます。

④あいまいさ（Ambiguity）

「あいまいさ」については、文字通り大変あいまいな状態です。辞書を引くと、「内容がしっかり捉えにくく、はっきりしないこと。2通り（以上）に解せられること」とあります。

実務的に表現すれば、**何を行うか、何を行うべきか、また何を達成すれば成功であるかがわからない、もしくは成功への道筋がわからない**という状態です。繰り返し書いているように、仕様が未確定で、何をつくればよいかわからないというのは、文字通り「あいまい模糊《もこ》でわからない」という状態です。あいまいさも、不確実性と同じように、できるだけ定義を明確にして、内容を具体的にするアプローチが求められることは言うまでもありません。

ものづくりVUCAワールド

市場の変化は極めて大きく、予測は当たらない、ようやく決めたはずの仕様に「ちょっと待った」が入る、顧客自身もニーズが「あいまい」で明確なスペックが「定義できない」。ものづくりの現場では、発注した部品が多過ぎたり、入ってこなかったり……いったい何が起きているのでしょうか。

デフレの進展・競争の激化という産業構造の変化によって、製造業は「国内に残す」分野と「海外で稼ぐ」分野を明確にすることが求められています。そして、国際的な競争力を持ちながら国内に残ることのできる製造業は、

①高度な技術を詰め込んだ最先端の高機能デバイスを供給するタイプのものづくり
②航空・防衛・宇宙といった、それぞれ異なった顧客の個別ニーズに基づいて仕様が決まるような極めて高度なタイプのものづくり
③電力や水道、鉄道などの社会インフラ事業など、ハードウェアとソフトウェアが一体となった、複雑で個別性の強いものづくり

などが主流になっていくと予想されています。

要するに、今日の日本的ものづくりは、最先端の特殊な顧客ニーズに対して、高度な技術

で個別に応え、設計や開発を行って製造するタイプが多くなっているのです。

しかし、こういったものづくりは、業務フローそのものが「不確実」で「定義しづらい」という特性を持っています。**多くの問題が「不確実」で「見えない」という業務特性から発生**し、現場ではこの「あいまい」な状態を何とかコントロールするために、多くの工数を投入し、人間が「人力」で調整を行っています。発生する問題はその都度違い、数をこなして習熟することができず、常に一発勝負を強いられています。過去からの経験は「そのまま」では活かせず、現場は非効率なタスクに対して何とか体を張ってぎりぎりの線を守っているような状況です。

さらに悪いことには、人力で「やりくり」を繰り返すことで、業務の大渋滞が発生してしまい、リードタイムの長期化や仕事の属人化、ブラックボックス化という悪循環が加速することにもつながっています。こんなときに、「かもしれない」や「だろう」という希望的観測はまったく役に立たず、かえって事態を悪化させることになってしまうのです。

こうした状況を、どうマネジメントすればよいのでしょうか？

第2章

ものづくりの「仕組み」の進化と3人のヒーロー

1 ヘンリー・フォードとフォード・モーター

ここからは、VUCAの時代のものづくりを考える上で、本書の大きなテーマである流れ（フロー）の原理を追い求めた「3人のヒーロー」の足跡をたどりながら、オペレーション・マネジメントの進化を考えます。

18世紀半ば、イギリスに起こった産業革命以降、ものづくりの技術は急速な発展を遂げます。大量生産を可能にしたのは、蒸気機関などを生み出した固有技術と、それを支えた、モノのつくり方を管理して流れをコントロールする分業の技術、すなわちオペレーション・マネジメントの技術です。キャッシュを稼ぎ出すために、ものづくりの「フロー」を改善する。

この目的を達成するためにオペレーション・マネジメントは進化してきましたが、この営みを「環境の変化」という時間軸で捉えてみると、極めて興味深いことがわかります。トヨタ生産方式（ＴＰＳ）は、フォードの同期生産方式に学んで、大量生産パラダイムからの脱却を目指したことは有名です。そしてＴＯＣは、そのＴＰＳを徹底的に研究し、さらに多様な生産環境という「大きなばらつき（不安定）」に対応し、ＴＰＳが苦手とした「多くの品種を少しずつつくること」を実現させるために成立した手法です。ですから、**ＴＯＣはフォードのＤＮＡを引き継いでいる**のです。

フォードが確立した同期生産方式

ヘンリー・フォードは１９０３年にフォード・モーターを設立し、ベルトコンベアによるライン生産方式によって自動車を大量生産する技術を確立しました。累計で１５００万台以上も売れたというＴ型フォードを生み出し、ライバルメーカーを価格の面でも引き離して、一時は「米国人が持っている自動車の半分がフォード製」と言われるような圧倒的な状況をつくったのです。また、日給をそれまでの2倍近くに引き上げて良質な労働者を集めるなど、労働者の待遇改善や組織強化なども積極的に行いました。

ヘンリー・フォード　Henry Ford（1863-1947年）。ミシガン州生まれ。機械工・技術者として経験を積んだ後、自動車会社のチーフエンジニアを経てフォード・モーターを創業。国内トップの自動車会社に育てる。

フォードが構築した生産の仕組み、いわゆるフォードシステムは、**標準化や分業制の確立**などを通じて、20世紀の産業に大きな貢献を果たしました。同期大量生産というコンセプトで構築されたT型フォードの生産方式は特徴的で、まさに「産業革命の集大成」と言っても過言ではない、極めて高い生産性を実現したのです〈図表6〉。

ペースを決めるベルトコンベアと仕掛りの量を規制する置き場（スペース）を介して生産の同期を取るようにし、作業員（オペレーター）の作業を数十秒単位の短サイクル作業に分解して分業させます〈図表7〉。これにより、「鉄鉱石を溶鉱炉に入れてから完成車が出てくるまで2日」という一貫生産を実現し、驚異的な生産性向上を実現しました。

右写真：istock

図表6　ヘンリー・フォードと彼が開発したT型フォード

そしてもう一つの革命的な出来事が、専用機械を駆使し、加工精度の著しい向上により、「部品の互換性」を確立したことでした。一つの部品がどの製品にも取り付け可能という、現在では当たり前の、大量生産に欠かせない仕組みが、このときに構築されたのです。

フォードのこうした発想は、「徹底した流れ化」と「ムダの排除」という点で、TPSの原点とも言えるものです。

この同期生産方式、実はT型フォードたった1車種のみの専用ラインでした。1車種のみをつくることで、コンベアの流れる速さと同期して配置されたオペレーターは、手待ちゼロで作業を完了することができ、また余分な仕掛りを持つ必要がありませんでした。これによってフォード生産方式は「できるだけ

それまではモノを固定し、人が動くジプシー生産方式であった
(黒山のように人がたかって1台の自動車を組み立てていた)

フォードはモノを動かして組み立てることに着目し、人を固定し自動車をロープで引っ張ってみることにした
ロープ

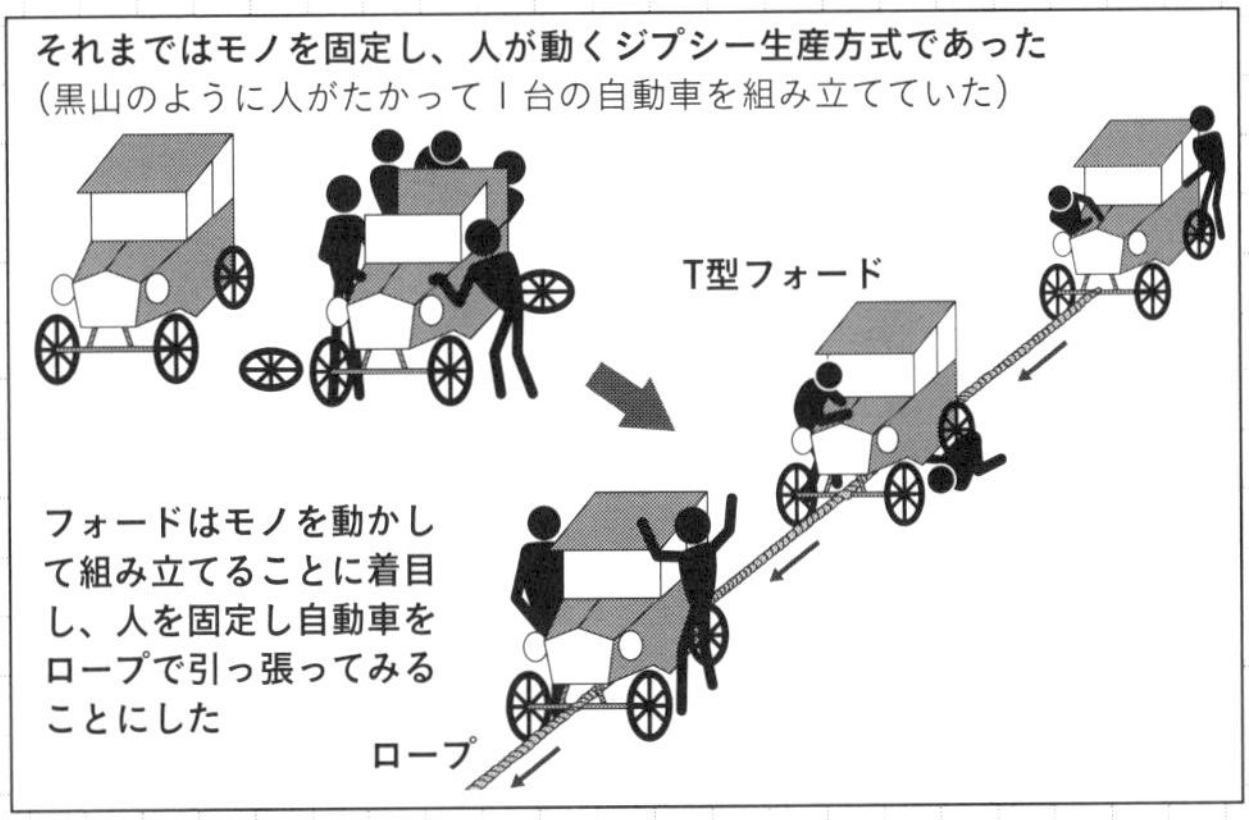
東京大学・藤本隆宏教授の資料より

図表7　フォードのライン生産方式の考え方

流れ化　工程内や工程間にモノが余分に停滞せず、スムーズに流れるようにすること。後述する「ジャストインタイム」での生産を支える考え方の一つ。

多くの数量」を「できるだけ速く」つくる画期的な生産方式となります。

結果的にフォード社は「黒のT型フォード」を前述のように19年にわたってつくり続け、１５００万台という驚異的なロングセラーを記録しました。価格も当初の１０００ドルからどんどん下げていって１９０９年には２８０ドルという信じられない値段で販売され、「誰でも自家用車が所有できる」というモータリゼーション社会を拓いたのです。

フォードの考え方の基本は「すべての労働者や機械設備が常に忙しく働かなければならない」という**部分的な効率（Local Efficiency）の否定**でした。フォード生産方式というと、チャップリンが映画『モダンタイムス』で揶揄したように、単に人間性を否定した大量生産方式と捉えられることが多いのですが、個人の出来高を重視するこれまでの管理方式を廃止した結果、当時のフォード社の労働者１人当たりのスループットと賃金は、ほかのどの製造業よりも高いものになったのです。

フォードは前出の著書『藁のハンドル』の中で「流れ化」の考え方について、在庫を持たないことによってフォードの経営に著しいメリットをもたらしたと語っています。

このフォードシステムを管理技術の側面から支えたのが、テイラーやギルブレスらによって確立された、**IE**技術をベースにした科学的管理法でした。これは、「仕事を要素作業に分

IE　Industrial Engineeringの略。日本IE協会の定義では「価値とムダを顕在化させ、資源を最小化することでその価値を最大限に引き出そうとする見方・考え方であり、それを実現する技術」である。

解し、時間研究（Time Study）により労働者の1日の作業量を定め、ばらつきを減らして生産能率を向上させる」「作業を細かく分解して、非熟練工でも行える定型作業（反復作業）を前提に、生産ラインの最大効率・最大稼働を狙う」という手法です。

この方法は、作業量・スピード・作業方法など、従来は労働者側の裁量に任されていた要素のコントロールを資本側に移すことになります。すなわち、経営サイドが「生産計画（ノルマ）」を立て、それを管理するという、当時としては革命的な進化でもありました。これは、計画を立案して実行し、その進捗度合いを測定して是正するという、計画に基づく統制（PDCAサイクル）の第一歩だったのです。

フォードシステムがアメリカの黄金期を支えた

このフォードシステムは、その後、第2次世界大戦で航空機や戦車という兵器の生産に適用され、アメリカの勝利に貢献しました。そして戦後、その生産方式は再び民需製品に振り向けられ、アメリカの製造業は大躍進を遂げて世界最強となったのです。

この時代、とにかく製品をつくれば売れました。したがって経営者の関心事は「大量生産・大量販売」という「量」の問題に終始したのです。工場では徹底して大量生産方式が追求され、設備はより高速で大型のものに置き換えられ、高い稼働率を目指して大ロット生産が行われました。販売部門では、工場からどんどん出てくる製品を消費者にいかにして大量消費させるかという点に努力が注がれ、マスコミを通じた広告宣伝が消費を喚起する重要な役割を果たしました。このような大量生産・大量販売を推し進めた結果、工業製品の値段はどんどん安くなり、1950~60年代のアメリカは物質的に極めて豊かな国になったのです。

こうした環境の中で、フォードの後継者たちは、徐々にフォードの「同期生産」という教えをどこかに置き忘れて、量のパラダイムに急速に傾斜し、ライバルであるGMに追い

図表8 フォードの主力工場となったハイランドパーク工場

上げられていくことになります。GMは、大衆車から高級車までのフルライン戦略の時代に入り、多種類の車で生産コストを引き下げるために、部品の共通化を格段に進歩させ、大量生産・大量消費の道をひた走っていきます。

GMの成功と「財務会計」

フォードを凌駕するためにGMが取った大量生産によるコストダウン・アプローチと、年ごとにモデルを組み替えるフルライン戦略は大成功し、GMは世界最大の企業に成長します。そして、そのGMが築き上げた会計手法は、経営学に大きな影響を与え、1950年代には世界中の企業に採用されてグローバルスタンダードになります。今日私たちが「**財務会計**」と呼んでいるやり方がそれで、あまりに広く普及しているため、空気のように当たり前で、通常はそのやり方に我々が違和感を抱くことはありません。

しかし、前述のように、各部門や工程は財務会計の手法で評価されるため、その評価のされ方に大きく影響されることになります。したがって、各工程はできるだけたくさんの製品をつくろうとして、品種を切り替える「段取り替え」を避けて大ロット生産をするようになります。しかも、大量につくられた部品は仕掛在庫として保管されますが、会計上は資産として計上されているので、見かけの原価は大幅に下がったように見えます。

このGMの経営手法は1950年代から60年代の市場環境では大成功しましたが、環境が変化すると、決して有効な方法ではなくなりました。

2 大野耐一とトヨタ自動車工業

大野耐一は、トヨタグループの創業者である豊田《とよだ》佐吉や、トヨタ自動車創業者の豊田喜一郎の教えを受け、生産管理の分野で世界的に広がった「トヨタ生産方式（ＴＰＳ）」を体系化しました。

この体系化の原点となった考え方は、喜一郎が提唱した「ジャストインタイム（Just in Time）」というコンセプトでした。その実現のために大野らが展開していった実践論は、「かんばん方式」や「自働化」「平準化」「あんどん」「ポカヨケ」などなど、ユニークなアイディアで従来の観念にとらわれない生産思想を体系化したもので、今日に至るまでトヨタグループの企業文化の生命線として実践され続けています。

大野耐一　おおの・たいいち（1912-1990年）。トヨタ自動車工業元副社長。中国・大連生まれ。名古屋高等工業学校卒業。トヨタ自動車工業にて工場長や役員を歴任。トヨタ生産方式を体系化した。

トヨタのチャレンジ：ジャストインタイム生産方式

トヨタ自動車は１９３３年、豊田自動織機製作所内に自動車製造部門が設置されたところからスタートします。これが独立し、37年にトヨタ自動車工業株式会社が設立されました。

フォードらの活躍によってモータリゼーションが進んだ米国とは異なり、日本は乗用車の普及はまだまだの段階にあったため、トヨタは、フォードや米国の大量生産方式をそのまま真似することはできませんでした。トヨタは当初から、小規模でかつ多品種生産を想定してものづくりの仕組みを構築していったのです。さらに戦後の復興期、資金的な制約も大きかったため、大野らＴＰＳを構築したメンバーが直面した課題は、当初から「多品種少量生産をいかに高い生産性で達成するか」でした。

大野らは、同期生産方式としてのフォードシステムの普遍性を見抜き、リードタイムを短縮することに集中しました。しかし、一つの生産ラインで複数の車種を生産しなければならないため、フォードのように専用の仕掛りスペースを設けることはできませんでした。

そこで大野は日本独自のオリジナルな発想を模索しました。「売れたときのみ商品を補充する」という、スーパーマーケットの在庫補充のメカニズムに学んで、**「かんばん（作業指示**

カード）」がないときにはつくらないという、「いつつくってはいけないか」を指示するルールを編み出しました。フォードの精神をいかに自社に移植するかを徹底的に考え、フォードが掲げた同期生産という「本質」を、異なる特定の環境に「適用」する具体的な方法を実践してみせたのです。

また同時に、「局所的な効率の廃止」という点についても、大野はつくり過ぎを防ぐメカニズムを「場所（スペース）」から「かんばん」へ変更し、フォードの概念を拡張することに成功したのでした。これは、根本概念は共通でも、特定の環境に適用する場合、どう翻訳を行って「革新」を起こすかという具体的な事例として、極めて示唆に富んでいます。

のちほど詳しく解説しますが、この「本質」とその「適用」、そして適用方法を決める「仮定」や「条件」の切り分けこそ重要で、これらをごちゃまぜにして議論すると、何が本質なのか、わけがわからなくなってしまうのです。

トヨタが前提とした環境

日本が太平洋戦争に敗れ、軍需産業から民需に転換することを余儀なくされたトヨタは、1947年に排気量995ccで4人乗り、時速87㎞という性能を持つ待望の小型乗用車トヨペットSA型を発売します。しかし、戦後のインフレで資材価格が高騰するにもかかわらず、国が売価を決めるという公定価格制度によって、資金繰りは苦しく、復興金融公庫から巨額の借金を余儀なくされていました。

そんななかの1949年、インフレ抑制などを目的とした経済安定化政策、いわゆる「ドッジ・ライン不況」による金融引き締めが発生して公庫からの融資が止まり、トヨタは経営危機に陥ります。豊田喜一郎社長は辞任に追い込まれ、この経営危機を乗り切るにあたって、取引銀行が緊急融資の条件としたのが、「合理化（リストラ）の実行」と、「間違いなく売れるだけの数量しか生産しない」という厳しい条件でした。当時、トヨタの生産規模はわずか日産40台ほどで、非常に厳しい

右写真：© Mytho88

図表9　大野耐一とトヨペットSA型

綱渡りが続いたといいます。

翌1950年6月には、朝鮮戦争が勃発。特需の風が吹き、トヨタの業績も急速に回復しますが、資金繰りは依然として厳しい状況でした。「キャッシュコンバージョンサイクル」をどう高めていくかが至上命題となり、このことがその後のトヨタの企業体質を決定したと言っても過言ではありません。

1950年代後半になっても、日本経済や自動車産業はまだ急成長する前の不安定な時期でした。過剰在庫や資金繰りなどの課題を抱えつつ、トヨタは厳しい制約の中でものづくりを進めていくのです。そんな環境にあってもトヨタは、豊田喜一郎が提唱した自動車事業のあるべき姿――「目標は大衆車であり、基礎資材工業を確立し、売れる値段の自動車をつくり、メーカーの計画を活かす販売力を身につけ、乗用車工業を完成させる」ことを追い求めます。

これを実現するために、当時、同社元町工場の工場長だった大野を中心として、ジャストインタイムの理念を具体化し、「売れるものだけを短納期でムダなく生産する仕組み」を「トヨタ生産方式」として築き上げていくのです。その後の同社の発展は皆さんもご存じの通りです。

キャッシュコンバージョンサイクル　仕入れや原材料購入のために現金を支払ってから、販売に伴って現金を回収するまでの日数を示す財務指標。資金回収の効率性やスピードを表し、この日数が少ないほど資金繰りが良いと判断される。

トヨタ生産方式の発展と限界

1980年代になると、日本からアメリカに、高品質の自動車が大量に輸出されるようになります。その秘密を学ぼうと、MITのジェームズ・ウォマック博士らは研究を続け、トヨタのものづくりを、製造工程の「ムダ」という「ぜい肉」を落としたスリムな生産方式として「リーン（＝筋肉質な）生産方式」と名付けます。そして、『リーン生産方式が世界の自動車産業をこう変える。』を出版し、全米に紹介しました。

80年代にMITで産業政策を研究していたウォマック博士は、トヨタのオペレーションを研究する中で、「企業の競争力を本当に左右するのは、製造をどのように組織化し、運営するかというオペレーション・マネジメント（管理技術）である」と直感的に感じたと言います。その後、博士はMITが中心になった世界的な自動車産業のベンチマーキングプロジェクトの責任者になり、その研究成果をまとめたものが前述の著作だったのです。

この本では、品質・生産性・リードタイムなど、あらゆる側面で日本の自動車メーカーが欧米の自動車メーカーに勝っていることが詳細な定量データで実証されました。そして圧倒的な生産力の差は、決して日本の文化的風土によるものではなく、リーン生産方式にあると冷静に分析されていました。

リーン生産は、うまく導入すれば、ムダを省いて効率的な生産ができます。そのため、80年代後半から90年代にかけてのアメリカ企業は「日本に学べ」というスローガンを掲げ、この方式をどう自社内に導入するかということに熱心に取り組みました。これがアメリカにおける「第1次TPSブーム」で、ここからリーン生産のアメリカでの普及が本格化していくのです。

しかし、**リーン生産は、すべての企業に適用できる有効な方式ではありませんでした。**製品のライフサイクルが短かったり、季節変動が大きかったり、流通ルートが複雑で価格の変動が大きいなどの特性があったり、繰り返し作業が少ない受注設計製造スタイルや、ほとんどの工程を装置内で行う装置産業などでは、リーン生産を行うのは比較的困難だとされてきました。

3

エリヤフ・ゴールドラットとTOC（制約理論）

日本に学べ――そんな状況の中で、イスラエル出身の物理学者エリヤフ・ゴールドラット博士がTOC（Theory Of Constraints：制約理論）という一見風変わりな理論を主張します。リーン生産が日本の製造業の秘密兵器であったとしたら、TOCという手法は、アメリカ製造業が日本企業に追いつくための秘密兵器だったと言えるかもしれません。

TOCの始まりは、1970年代後半でした。イスラエルで物理学の研究をしていたゴールドラット博士のもとに、工場を経営していた友人が生産スケジュールの問題を持ち込んできたのです。博士はこの問題に、いくつかの独創的な発想を入れることで、それまでとは違

エリヤフ・ゴールドラット　Eliyahu M. Goldratt（1948-2011年）。イスラエルの物理学者。著書『ザ・ゴール』で生産管理の手法としてTOCの考え方を発表。「スループット会計」や「思考プロセス」など、生産管理にとどまらず、ビジネスにおける新しい理論を数多く構築した。

う生産スケジューリングの手法を開拓しました。博士はそれ以来、生産の問題に強い興味を持ち、この手法をさらに進展させて画期的な生産スケジューリングのソフトウェアのアルゴリズムを開発しました。そして、ソフトウェアを販売するための会社を米国に設立し、自ら会長の座につきます。そのソフトウェアはＯＰＴ（Optimized Production Technology）と呼ばれ、一躍、世間の注目を集めたのです。

ＯＰＴのアルゴリズムは、企業秘密を理由に一切公開されなかったため、ＯＰＴは神秘のベールに包まれていました。しかし、導入ユーザーからは「設備投資をまったくしないのに工場の売上が増え、仕掛りが大幅に減った」といった報告が相次ぎ、ＯＰＴは自動車産業を中心に大手企業に順調に売れました。

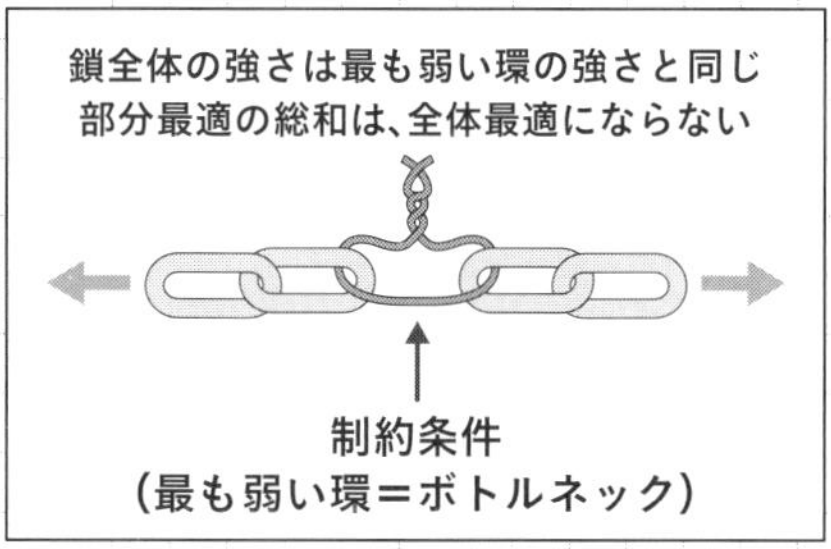
鎖全体の強さは最も弱い環の強さと同じ
部分最適の総和は、全体最適にならない
制約条件
（最も弱い環＝ボトルネック）

図表10　エリヤフ・ゴールドラット博士と「制約条件」の考え方

さらに博士はＯＰＴの背後にある考え方を小説の形にまとめて出版することを思い立ち、『ザ・ゴール』を出版します。ベストセラーとなった同書は思わぬ効果を生み出すことになります。

一部の読者からは「ＯＰＴを導入しなくても、この小説通りに改善を実行したところ、大変な効果が出た」という反応がありました。そこで博士は、『ザ・ゴール』に描いた**ものづくりのオペレーション・マネジメント（管理技術）の世界を開拓して、継続的改善（Process of On Going Improvement）という活動に広げるほうが、はるかに大きな成果が出る**ことに気づきます。そしてこれを「ＴＯＣ（Theory of Constraints）」と名付けて普及していったのです。

その後、博士は『ザ・ゴール』に続き『ザ・ゴール2』『クリティカルチェーン』など、多くのビジネス小説を発表し、クリティカルチェーンと呼ばれるプロジェクトマネジメント手法（ＣＣＰＭ）や、アンリフューザブルオファー（ＵＲＯ）という提案手法など、ビジネスにおける新しい理論を次々と生み出しました。

このＴＯＣ理論は、大野らが築き上げてきた「フロー」の原理を研究し尽くして生まれた、進化版の考え方だったのです。

4 オペレーション・マネジメントの重要性

ヘンリー・フォード、大野耐一、エリヤフ・ゴールドラットの3人が築き上げた、ものづくりにおける「フロー」の原理と、その考え方を体現するための管理の仕組み。これらは学問の領域で言えば、オペレーション・コントロール（生産統制業務）と呼ばれる分野が中心となります。

オペレーション・コントロールとは、工業製品をつくり上げるために、作業をする「人」や、加工をする「機械設備」を組み合わせて、「部品」を生産したり調達したりして、実際に生産する作業の計画を立て、実行して製品をつくり上げるための技術の総称です。分業によるものづくりを行うためには、このオペレーション・コントロールの技術が不可欠であり、こうした技術を学ぶために、欧米のほとんどの大学のMBAプログラムでは、オペレーション・コントロールを含めた「オペレーション・マネジメント（管理技術）」が必修科目となっています。

オペレーション・マネジメントは、製造業の中核業務としての設計・生産・製品開発・購買といった業務を統合的なシステムとみなし、それらをどのように連動させ、オペレーションすればよいかを科学する学問です。ですから、オペレーション・マネジメントは、固有の技術を、安定的に製品やサービスに変換するために必要な「組み合わせの技術」という意味も含まれます。

実はこのオペレーション・マネジメントの大きな目的は、「普通の人々が力を合わせて大きな仕事を成し遂げること」——すなわち、私たちがこれまで磨き上げてきた、「**分業そのものの技術**」と言ってもよいのです。

普通の人間が1人でできることは限られています。しかし、他の人と力を合わせれば、素晴らしい仕事ができる。それがオペレーション・マネジメントの存在意義です。ものづくりの現場のみならず、コンビニエンスストアのバックヤードや、サービス業の店頭、金融機関の店舗など、仕事の形態や内容は違っても、オペレーションの優劣で結果は大きく左右されます。こう考えると、オペレーション・マネジメントとは「仕事の仕組みをつくる技術」そのもの。だからこそ、欧米の大学では、積極的にオペレーション・マネジメントを学ぶのです。しかし、残念ながら日本では、「オペレーション・マネジメント」の定義すらあいまいで、専門家も少ないのが現状です。

製造業の領域のオペレーション・マネジメントは、3M（Man：人、Machine：機械設備、Material：原材料）を組み合わせて、市場や顧客の要求に合わせて提供するために具体的な計画や実行などの段取りを行う機能ということになります。企業内の組織で言えば、生産管理や在庫管理、開発や設計ならば、PMO（Project Management Office）と呼ばれる部署が、このオペレーション・マネジメントの担当になります。

学問領域では、在庫理論とか生産スケジューリング、プロジェクト管理、オペレーション・リサーチや最適化技術などと呼ばれる領域であり、手法では、TPSやTOC（制約論理）、CPM（Critical Path Method）、などのモノやプロジェクトを素早く流す技術や、さまざまな改善手法——作業管理（Industrial Engineering）、品質管理（Quality Control）、設備管理（Preventive Maintenance）なども管理技術です。

固有技術だけが突出して高くとも、管理技術がなければ、品質のばらつきが大き過ぎたり、効率が悪くなったりして、一般的なビジネスとしては成り立ちません。逆に、管理技術だけで固有技術がなければ、魅力的で競争力のある製品をつくることは不可能です。

そして、もう一つ特徴的なのが、オペレーション・マネジメントは、「人間と組織をどうマネジメントするか」という領域が含まれることで、その中でも特に重要なのは、**問題解決能力と組織化能力に代表される「人間関係能力」**です。複雑で変化の激しい今日、現場の情報を迅速に吸い上げ的確な対応を講じるためには、組織コミュニケーション能力は必須の能力なのです。

生産（業務）統制（オペレーション・マネジメント）の基本サイクル

ＰＤＣＡサイクルといえば、品質管理で有名なデミングサイクルを意味し、別名「管理サイクル」と呼ばれたりしますが、ものづくりの管理サイクルとはどのようなものでしょうか。すでに述べたように、生産の統制（Production（Operation）Control）についても、効率的な生産活動を実施するために、目標と実行結果を「測定」して「評価」し、差異（逸脱）が発生している場合には適切な「判断」と「処理」を講じるという点では同じです。

計画（Plan）段階では、まず目標を設定し、それを具体的な行動計画に落とし込みます。生産活動で言えば、実際の受注や在庫計画などを基に、「何を・いくつ・いつまでに」を設定し、それに基づいて具体的な生産計画を策定することがこれに当たります。

実行（Do）段階では、果たすべき役割を決めて人員を配置し、組織構成員の動機付けを図りながら、具体的な行動を指示します。実際には、生産ペースを決めるペースメーカーや、次の段階がスタートするタイミングを示す「トリガー」や生産ペースのばらつきを緩衝する「バッファ機能」などを織り込んだ計画を実行することになります。

評価（Check）段階では、途中で進捗状況を測定・評価します。実際には、目標に対して実績値や測定値を見える化して、誰でも差異がわかり、どうすべきかが判断できる仕組みを構築します。

是正（Act）段階では、必要に応じて対策を加えていきます。定められた期限の中で、着実に成果を上げるために、状況を的確に判断し、必要に応じて素早く修正することが求められます。実際には、今この瞬間に行うべき短期のアクションと、中期的に問題点を根本的に分析し、改善を実施するという2種類のフィードバックループがつくられます。

本書ではここから、後述するLAMDAサイクルをはじめ、業務を遂行するための管理サイクルの話がたくさん出てきます。そこで読者の皆さんに考えていただきたいのは、**「P（計画）」が何によってつくられるか**です。大野耐一は「これだけ売れるであろう」という「願望」を起点として計画を立てることを厳しく戒め、「売れた分」を起点にしてつくることを推奨しています。同じようにゴールドラット博士も、「当たりもしない予測」に基づく計画という表現を使って同様の戒めを行っています。

しかし、両者に共通するのは、計画を立てる行為そのものを否定しているわけではないということです。

夢や願望には良いものもあり、それはもちろん否定できるものではありません。厳に戒めるべきは、これだけ売れるであろうという「量のパラダイム」を前提とした「安易な計画」の結果として出現する、つくり過ぎのムダそのものだということなのです。

第3章

100年変わらない生産の基本——「流れ」と「ばらつき」

1

生産現場の厄介な特性――「遅れ」だけが伝わる

ここまでの説明で、大量生産という「量」のパラダイムが、1980年代以降、時代に合わない考え方になってしまったことは理解いただけたでしょうか。

ここからは、今日のVUCAに対応したものづくりに必要な考え方を、トヨタの思想とTOCを中心にして具体的に見ていきましょう。もちろん「どちらが正しいか」という視点ではなく、今日の環境変化の中で、変えるべき部分と変えなくてもよい部分を明確にして、最小の変化で最大の効果を引き出すための仕組みを考えていきます。

多くの品種を生産しなければならない、いわゆる多品種少量生産の工場で一番難しいのは、

「**現実の作業をどのように順番付けるか**」ということです。通常、この業務は「差し立て」と呼ばれます。「差し立て」の仕方が悪いと、自工程だけでなく、他工程にも生産性や仕掛在庫に非常に大きなマイナスの影響を与えてしまうため、豊富な経験を持った作業長や班長といったベテランが行うのが通例になっています。

「差し立て」が難しいのは、工場の生産業務は「従属関係に縛られた」巨大なネットワーク型の業務特性を持っていることに起因します。この従属関係は、生産工程の順序性のみならず、原材料調達や設計業務など企業のありとあらゆる業務とつながっています。

早期完了はほぼ伝わらず、遅れだけが伝播する

現実の工場では、工程の「順序依存性（従属性）」と、各工程の作業時間がさまざまな要因によってばらつくという「変動性」の両方が組み合わされると、これらの遅れがいつどのように発生するかは正確には予測できず、工場の生産システムに大きな混乱をもたらします。実際、現場のマネジャーが日常的に行っている管理の実態は、日常的に発生する混乱をどうにか鎮めようとしていることなのです。

実は工場という巨大なネットワークは、**遅れだけが伝播して、早期完了はほとんど伝播し**

ないという厄介な特性を持っています。この現象は、ネットワークが直線的な場合でも、複数の事象が合流する場合でも起こります。では、どうしてそうなるのでしょうか？

図表11で、まず複数工程が合流する場合を考えてみましょう。たとえばＡＢＣと３つの工程が並行し、Ｄ工程で最終組立作業が行われる場合、Ａ工程は予定より３時間早く終わり、Ｂ工程は２時間遅くなり、Ｃ工程は予定通りだったとすると、ＡＢＣ全部が終わらないと着手できないＤ工程は、Ａ工程が早く終了したことは何ら関係なく、Ｂ工程の２時間の遅れだけが伝わります。

では、いくつかの作業が縦につながっている直線的な場合はどうでしょうか。

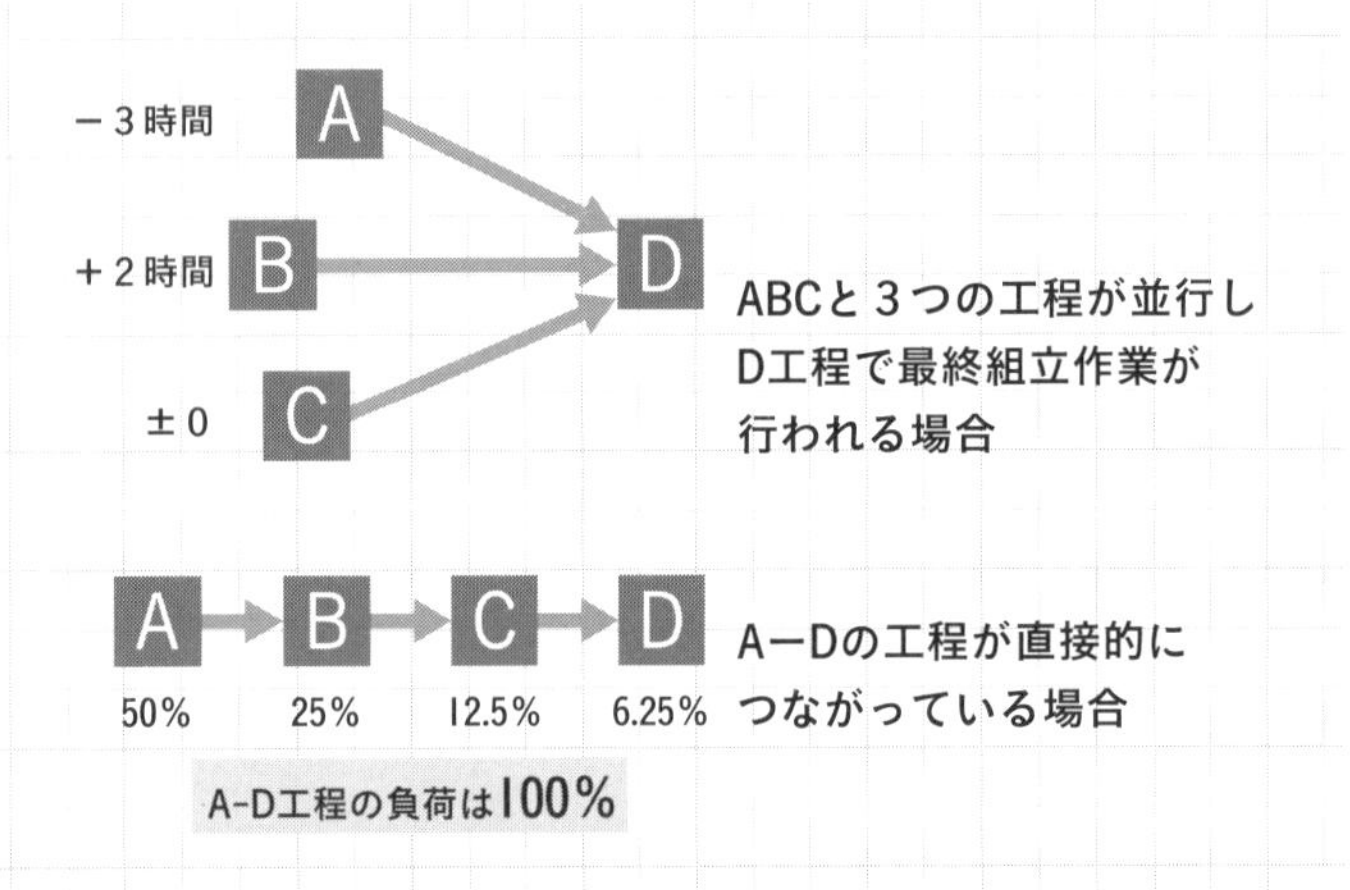

図表 11　いずれの場合でも早期完了は伝播しない

ある工程で予定より時間がかかったとすれば、当然、遅れは次の工程に伝播します。焦点になるのは、予定より早く終了した場合です。早く終了すれば、次の工程には早く渡すことができますが、問題は「次の工程がそのまま着手できるか」なのです。

たとえば、A－D工程がそれぞれぎりぎりの負荷（＝負荷100％）で作業をしていたとしましょう。確率分布は、遅れ・進み、それぞれ50％です。最初のA－B工程を考えてみると、A工程が予定より早く完了しB工程に渡せる確率は50％ですが、B工程がその仕事に速くかかれる確率は50％です。こう考えると、B工程の完了時点で予定より進んでいる可能性は、確率的に考えれば50％×50％＝25％ということになります。さらにC工程まで進むと、進みが伝播する確率は12・5％まで低下し、D工程ではさらに6・25％まで低下します。

このように、工場というネットワークは、さまざまな揺らぎの結果として生じる「早期完了」はほとんど伝播せず、「遅れ」はほぼそのまま伝播するという厄介な特性を持っているのです。

2

トヨタ生産方式（TPS）の概要とメリット

「トヨタ生産方式（TPS）」は、つながりとばらつきが支配する生産現場の厄介な特性に対して、大野耐一らが開発したオペレーション・マネジメント（管理技術）のやり方の総称で、「必要なものを、必要なときに、必要なだけ」供給するという同期生産の考え方を原型としています。

この考え方をさらに具体的に示したのが、後工程が前工程へ必要なものを必要な分だけ取りに行く「かんばん方式」なのです。自動車のように何万種類もの部品が必要な製品を扱う工場では、部品を必要なときに供給し、効率よく生産を行う必要があります。そして、TPSは「自働化」と「ジャストインタイム」という2つの考え方を柱としています。

自働化とジャストインタイム

①自働化

「自働化」とは、トヨタ自動車の創業者、豊田佐吉が発明した自動織機の機能が語源です。その機械は自動で動くだけでなく、**問題が起きたときに機械を止める判断までできる機能**を持つため、「自動」ではなく「自働」という言葉が使われたとされます。糸が切れたら自動で停止する機能や、布の巻き取り装置などを備え、安価な上に、生産性や品質も大幅に向上したといいます。

そして大野らが自動車産業で築き上げた自働化は、生産工程のどこかに異常があった場合、機械の異常を判断して設備を止め、改善を進めることで、「工程のばらつき」が低減され、作業者や管理監督者の時間を、より付加価値の高い仕事へ振り向けることができるようになりました。

これによって原価低減が促進され、さらに「流れ化」を促進することができるというメリットが生まれたのです。

②ジャストインタイム

ジャストインタイムは「必要なものを、必要なときに、必要なだけ」つくることを意味し、「かんばん方式」という仕組みが構築されます。この方式は別名「スーパーマーケット方式」とも呼ばれ、スーパーマーケットなどで用いられていた、商品名や品番等が記載されたカードを生産現場に応用し、重要な情報を記載したカード（かんばん）を取り入れたことから「かんばん方式」と呼ばれるようになりました。

かんばん方式は、必要な在庫を必要な量だけそろえる「スーパーマーケット」を生産の「前工程」とし、商品を買いに来る客を「後工程」に見立てます。実際には、図表12のように**「後工程がAの部品を受け取り、前工程では渡してしまったAを補充生産する」**という仕組みを、引き取りかんばんと仕掛けかんばんを使って実行することになります。

ＴＰＳのメリット

ＴＰＳを導入することで、生産性の向上、生産開始から完了までの製造リードタイムの短縮、在庫削減などが実現されます。リードタイム短縮の効果は、ジャストインタイムによって最も顕著に表れる部分です。リードタイムが短縮されることで、在庫を少なくできます。

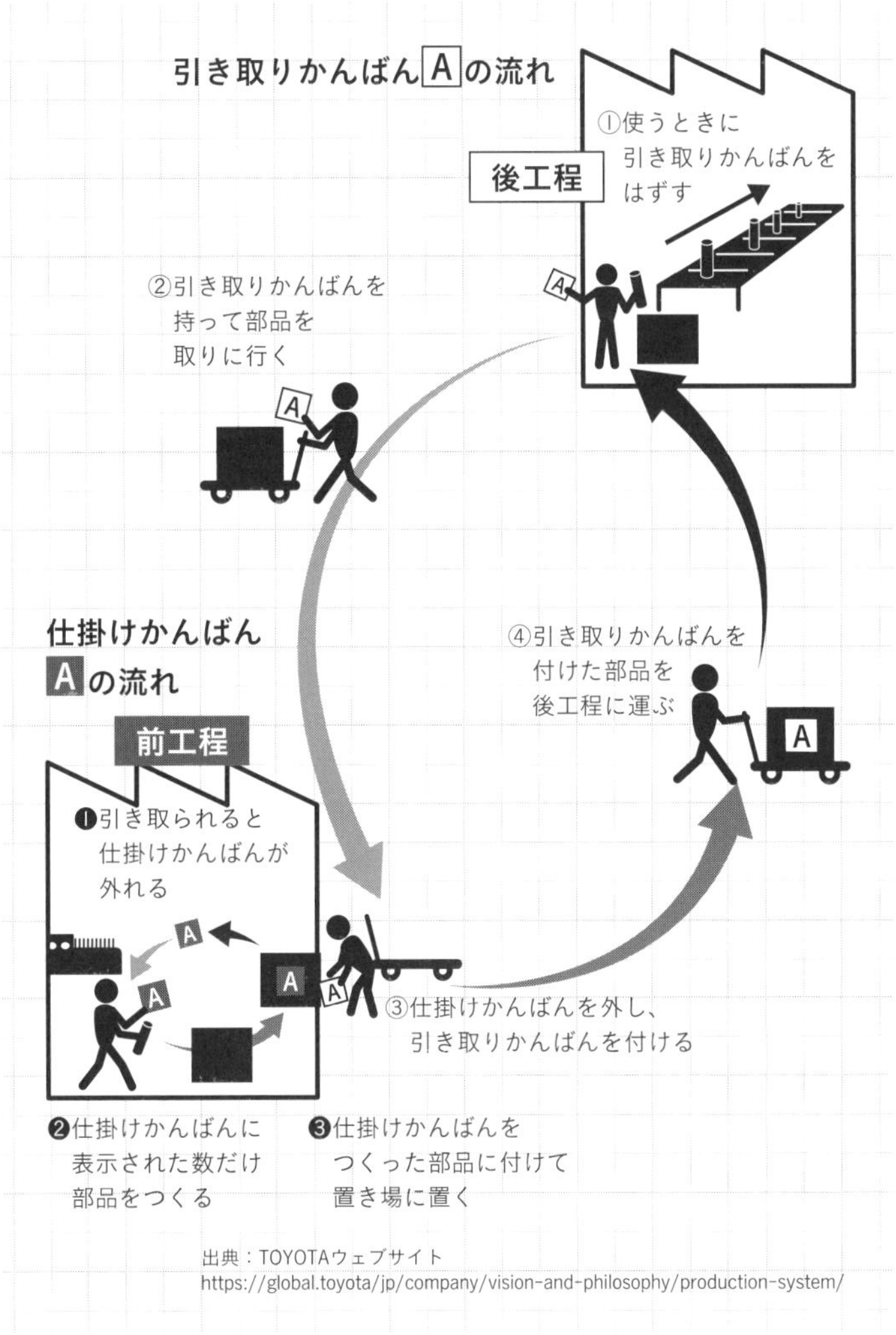

出典：TOYOTAウェブサイト
https://global.toyota/jp/company/vision-and-philosophy/production-system/

図表12　ジャストインタイムとは？

さらに、製造工程の中で原材料の投入から検査までのリードタイムも短くなるため、何かミスがあって不良品をつくってしまった場合でも、早い段階で気づくことができます。

それは、不良品を減らすこと、ムダな労働をなくすことにつながるでしょう。何より、需要に見合った供給が可能になります。そうなれば、需要がある分だけ生産できるため、結果として欠品や廃棄といったさらに大きなムダがなくなるのです。

大野耐一は著書の中で、「ジャストインタイム」と「自働化」の関係を野球にたとえて、ジャストインタイムはチーム・プレー、すなわち流れを改善して、連携プレーの妙を発揮させることであり、自働化とは選手一人ひとりの技を高めること、すなわち改善を進めてばらつきを少なくすることであると説明しています。

こうして「流れの改善」と「各工程のばらつきを抑える改善」を同時に進めれば、ある工程にトラブルが発生したとしても、遅れを最小限に食い止めることができるのです。

平準化——ジャストインタイムの前提条件

ジャストインタイムを成り立たせるためには、生産を平準化することが必要不可欠です。

生産の平準化とは、生産量や種類・時間などを平均化することで、これによって生産のばらつきをなくすことができます。反対に、生産量や作業時間などにばらつきが出てしまうと、ジャストインタイムからは遠ざかり、遅れが発生し、工数のムダが発生します。

平準化には、「**量**」と「**種類**」という2つがあります。「量」の平準化とは、生産量をある一定の期間の中で、できるだけ一定にすることを指します。また「種類」の平準化とは、複数の品種の生産を行う際、品種ごとにまとめて流すのではなく、できるだけバラして生産を行うことを指します〈図表13〉。

平準化ができていないと、人員（工数）に遊び（ムダ）が発生したり、すぐには使わない在庫が生産されたり、製造リードタイムが長期化したりといった問題が発生します。ま

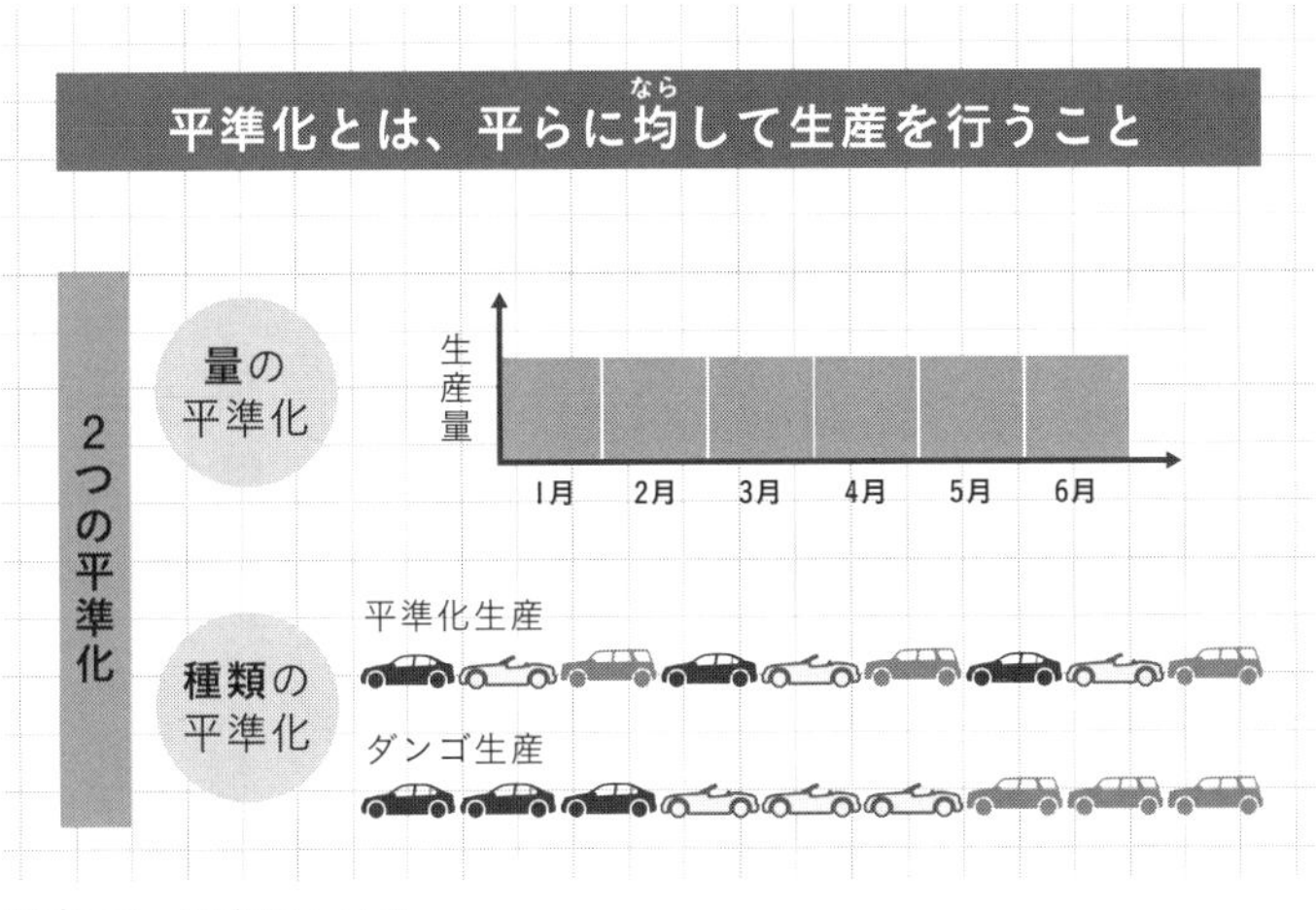

図表13　平準化とは？

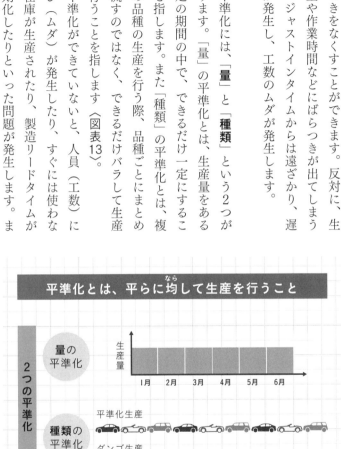

た、変動があまりにも大きいと、部品を納入するサプライヤーが対応できず、部品納入遅れの発生や価格アップにつながってしまいます。その原価アップは、当然ながら調達側にも影響してくるため、発注側とサプライヤーの双方の協力による平準化が不可欠なのです。

あらためてまとめると、トヨタでは、自働化による改善や平準化の取り組みによって、ボトルネックを発生させない、バランスしたラインを実現させる取り組みをしています。

具体的には、作業や工程の改善によるばらつき削減（信頼性向上）と、製造と販売が連携した受注から「製造の平準化」に取り組みました。さらに「つくり過ぎを防ぐメカニズム」として「かんばん方式」を編み出し、かんばんによる指示がないときにはつくってはいけないという、多品種混流ラインでのつくり過ぎを防ぐための「ブレーキ」を組み込み、ＴＰＳを構築していきました。

また、平準化をさらに推進するためには、「販売の平準化」も求められ、強力な営業力も必要とされました。現在でも、製造と販売が車の両輪としてトヨタという会社を引っ張っているのです。

3 TOCにおけるドラム・バッファ・ロープの考え方

TOCが成立した1980～90年代以降の生産環境では、「製品ライフサイクルの短命化」や「顧客ニーズの多様化」が進み、それに対応するために、極めて多くの品種を短期間で生産することが求められました。これによってさまざまな変動や不確実な事象が発生し、多岐にわたるアンバランスをもたらし、ボトルネックを恒常的に発生させ、生産ラインの安定稼働を妨げます。

これに対応するためにTOCは、TPSをはじめとして従来の常識であった、それぞれの工程能力がバランスした状態である「バランスライン」という発想を捨てます。そして、需要の変動がもたらすアンバランスな環境下では、「工場全体の生産性（能力）は相対的に能力が一番低い、ボトルネック工程に制約される」という、よく考えてみれば「当たり前」の事実に着目するところからスタートしました。ですから**「制約（Constraint）」とは、工場で言えば「ボトルネック工程」であり、企業全体で考えれば、組織が目指す目標（ゴール）の達成を妨げている「キーファクター」**ということになります。

「ドラム」と「バッファ」と「ロープ」の関係

すでに述べたように、仕事の遅れによるムダは、それぞれの工程が頑張って早期完了した「進み」がその工程で食いつぶされ、伝わらないことから起こります。

もしも、すべての工程について、能力が足りず、遅れを発生させるボトルネック工程であったとしたらどうなるでしょうか？　すべての工程から「遅れ」が発生すれば、その遅れは全体に伝わり、遅れが遅れを呼び、さらに大きな遅延やムダにつながることになります。

さらに厄介なことには、実際の工場がそうであるように、多くの種類の仕事を同時進行させると、このボトルネックは砂漠の蜃気楼のようにあちこちに現れては消えるように見えます。なぜなら、さまざまな種類の仕事を同時並行で進めることによって、それぞれの工程の負荷は大きく変動することになるからです。しかし、反対にすべての工程が「ゆとり」を持っていれば、遅れに対する防御は完璧だとしても、大きな能力を維持するためには膨大な業務費用が必要になります。

そして私たちは、この遅れを回避しようとする行動で、さらに遅れを引き起こしてしまいます。現実の仕事では、さまざまなトラブルや変動要素があり、その遅れを避けるために「着手（投入）できるものはどんどん先行して着手しておきなさい」という指示を出すことになります。この指示が出されると、まだ今すぐに着手する必要のない仕事までが現場に投入されることにより、それぞれの工程の負荷は跳ね上がることになります。

つまり、遅れを防ぐために取った行動が、結果的に新たなボトルネックをつくることになり、さらに遅れをもたらすことになるのです。

このように、工場にはさまざまな「ボトルネックを生み出す仕組み」があります。日程管理を行う場合に、どれだけ日程に余裕を持たせても、「**能力の余裕がなければ、突発トラブルや、さまざまなばらつきに対しては有効に機能しない**」ということを証明して見せたのがTOCだったのです。

『ザ・ゴール』では、ボトルネック工程や遅れへの対策として、DBR（ドラム・バッファ・

ロープ）という手法を提案し、その考え方を、ボーイスカウトの少年たちの行進にたとえることで、わかりやすく教えています〈図表14〉。

体力がなく最も歩くのが遅いハービー少年が隊列の途中にいて、その位置を変えることができないとするならば、ハービー少年の歩く速度に合わせること（たとえば彼が歩く速さに合わせて叩くドラムのリズムに合わせること）で、滞りのない行進ができるとしています。そして、ハービー少年と先頭の少年の間が広がりすぎないようにするために、少し長めのロープでつないでやればいいのです。

もちろん他の少年たちも、つまずいたり、予期せぬ遅れで立ち止まったりすることがあります。もしそれがハービー少年よりも前を歩く少年だったら、ハービー少年も立ち止ま

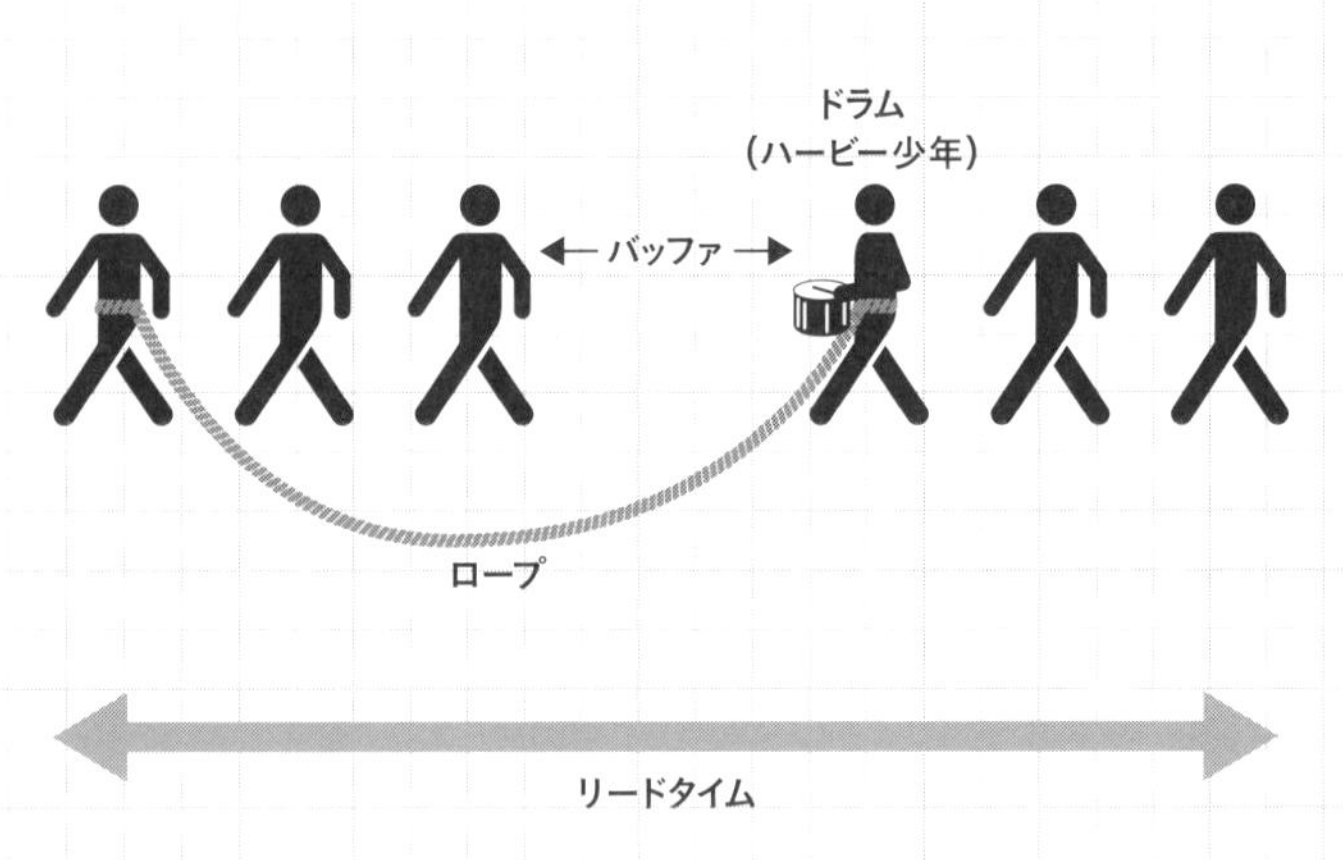

図表14　ボーイスカウトの少年たちにたとえると

らなければなりません。

ハービー少年が立ち止まって時間をロスしてしまえば、彼はその時間（遅れ）を永久に取り戻せないため、彼の前にバッファを設けています。しかし、それ以外の少年は、もし何かトラブルがあって立ち止まっても、ハービー少年よりも速く歩くことができるので、その遅れはすぐに取り戻せます。

図表15に示したのは、DBR（ドラム・バッファ・ロープ）のイメージです。

ドラムはネック工程の生産ペース（速度）に相当し、バッファはネック工程を守るためにその前に設置される時間的な余裕（具体的には仕掛在庫）を表します。ロープはネック工程の生産ペースに同期させて材料を先頭工程に投入させる仕組みを意味しています。

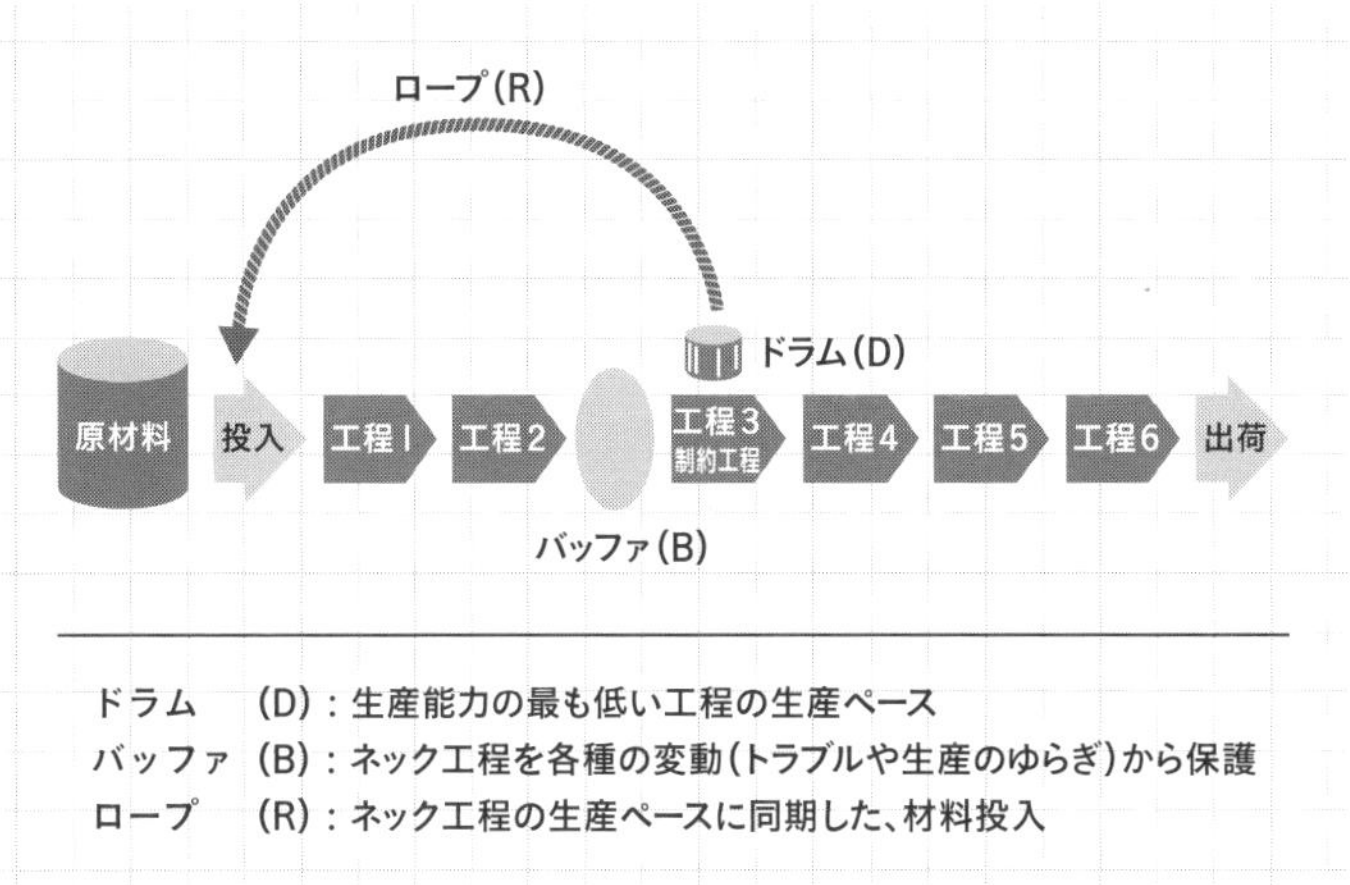

図表15　DBRの基本的な考え方

もしもボトルネック工程に何らかのトラブルがあって工程が停止し、バッファが過度になった場合には、投入を停止するというように、現実を見て「動的」なアクションを取ることになります。

それを具体的に表したものが、図表16に示す「継続的改善の5ステップ」なのです。

ロープの「結び方」の違い

このDBRの考え方と、TPSの考え方を比較すると、同じ目的に対して、**環境要因の変化に対応して「ほぼ正反対の解」を導き出している**ということがわかります。

TPSは同期生産のために「全員をロープで結ぶ」ようなアプローチを取ります。この

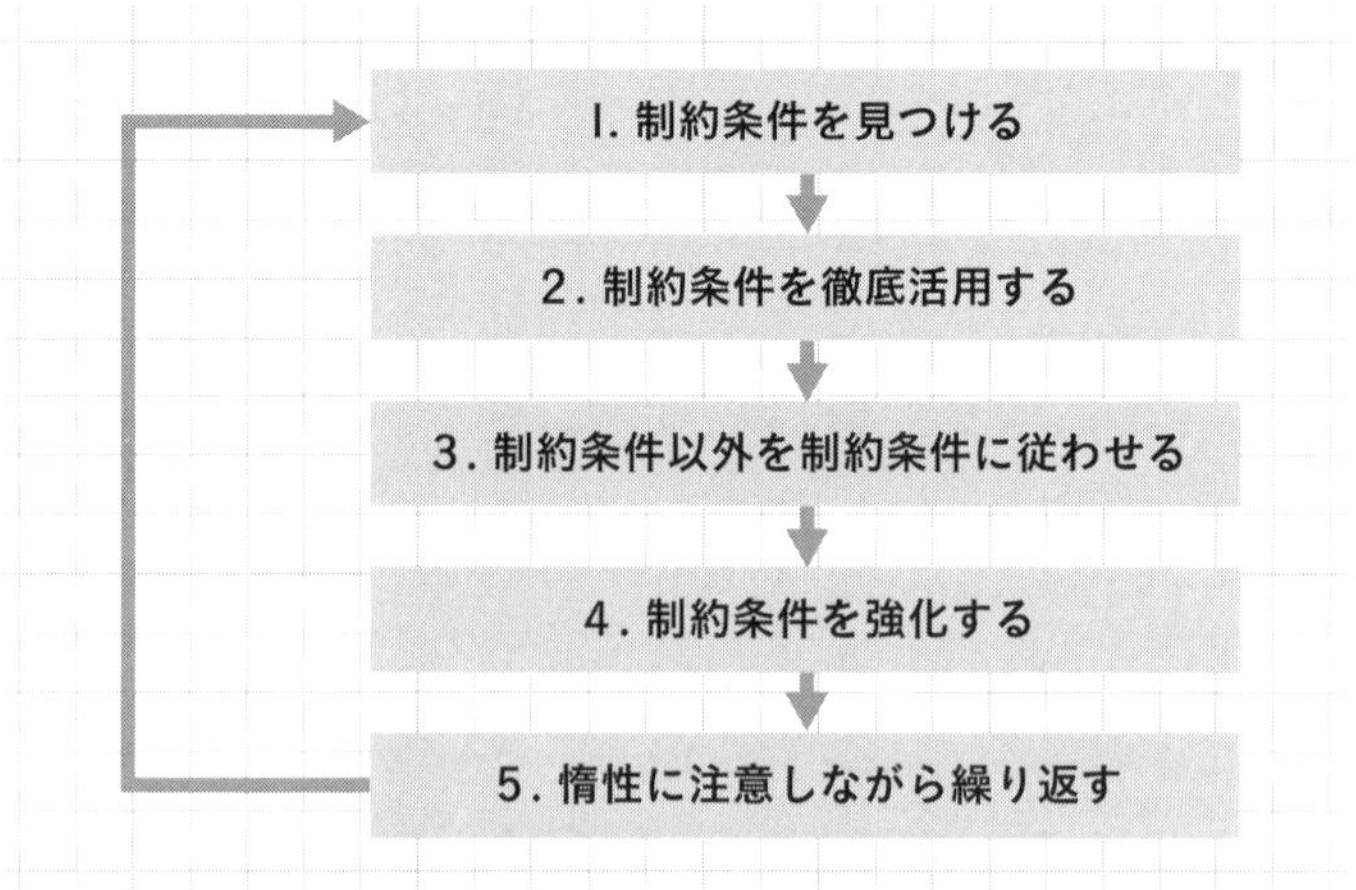
1. 制約条件を見つける
2. 制約条件を徹底活用する
3. 制約条件以外を制約条件に従わせる
4. 制約条件を強化する
5. 惰性に注意しながら繰り返す

図表16　継続的改善の5ステップ

対策を行えば、ロープの長さ以上に隊列が長く伸びることはなくなりますが、誰かが転んでしまえば、全員が歩くことを止めなければなりません。すなわち、工場のどの工程で問題が起きても、全体に影響が出るということになるのです。

もちろん、TPSがまったく変動に対応できないわけではありません。ロープでつながった工程間それぞれに設置される「標準手持ち」と呼ばれる「仕掛り」が変動を吸収するバッファの役割を果たすのです。しかし、その仕掛りが保護できる時間は極めて短く、大きな変動を吸収するには十分ではありませんでした。

そのためにTPSでは、工程のばらつきを抑える改善活動＝「自働化」を重視するのです。これは何か異常が起きたときにラインを躊躇なくストップさせ、品質の不具合や機械の慢性的なトラブルの真の原因を突き止め、再発しないようにすることです。要するに、かんばん方式を機能させるためには、「各工程の信頼性が高まった状態」をつくることが不可欠だということなのです。TPSは理想主義ではないかと言われることもありますが、そうした意見は、このあたりの改善至上主義を指しているようです。

その上、かんばんは「仕掛けかんばん」と「引き取りかんばん」が一対一の関係を持っており、品種Aの「仕掛けかんばん」は品種A専用の「引き取りかんばん」です。このため、品種が多くなり過ぎると、かんばんの枚数が非常に多く複雑になって管理しきれないという問題も指摘されています。この2つの問題が絡み合って、TPSの導入に失敗するケースが報告されることがあったのです。

ゴールドラット博士が目指したのは、誰でも取り組めて、さまざまな制約があっても著しい効果を上げられる仕組みでした。

コラム

ばらつきはどう扱うといいのか

これまで述べてきたように、工場の中には、さまざまな要因で予期せぬ「ゆらぎ」が発生します。こうしたゆらぎ（＝ばらつき）に対応するには、いくつかのやり方があります。

一般的なのが、工程間に、ある程度の仕掛り在庫を持つやり方です。こうしてやると、各工程が「つながった」状態が解消され、どこかの工程でトラブルが発生して遅れても、後工程は、その手持ち分の時間だけは遅れをブロックすることができます。しかし、その分だけリードタイムが長期化し、キャッシュフローの悪化につながることになります。

もう一つのやり方は、工程の能力を低めに見積もるやり方で、通称「サバ読み」です。

たとえば1時間に10個生産できる能力があっても、8個で計画を立てます。そうすれば、多少のトラブルがあっても、20%の余裕があることで、かなりの確率で遅れを防ぐことができます。しかし、この手法の欠点は、全体の出来高を減らすことになるため、コスト高を生じさせ、さらに調子がいいときにはつくり過ぎのムダも生むことになる点です。

トヨタでは、こういったことを防ぐために、工程を改善して「ばらつき」そのものを少なくする自働化アプローチを徹底しています。これはフォードがIE技術をベースにしたテイラーの科学的管理法を導入し、作業を徹底的に細分化して標準化したことと通じるものがあります〈図表17〉。

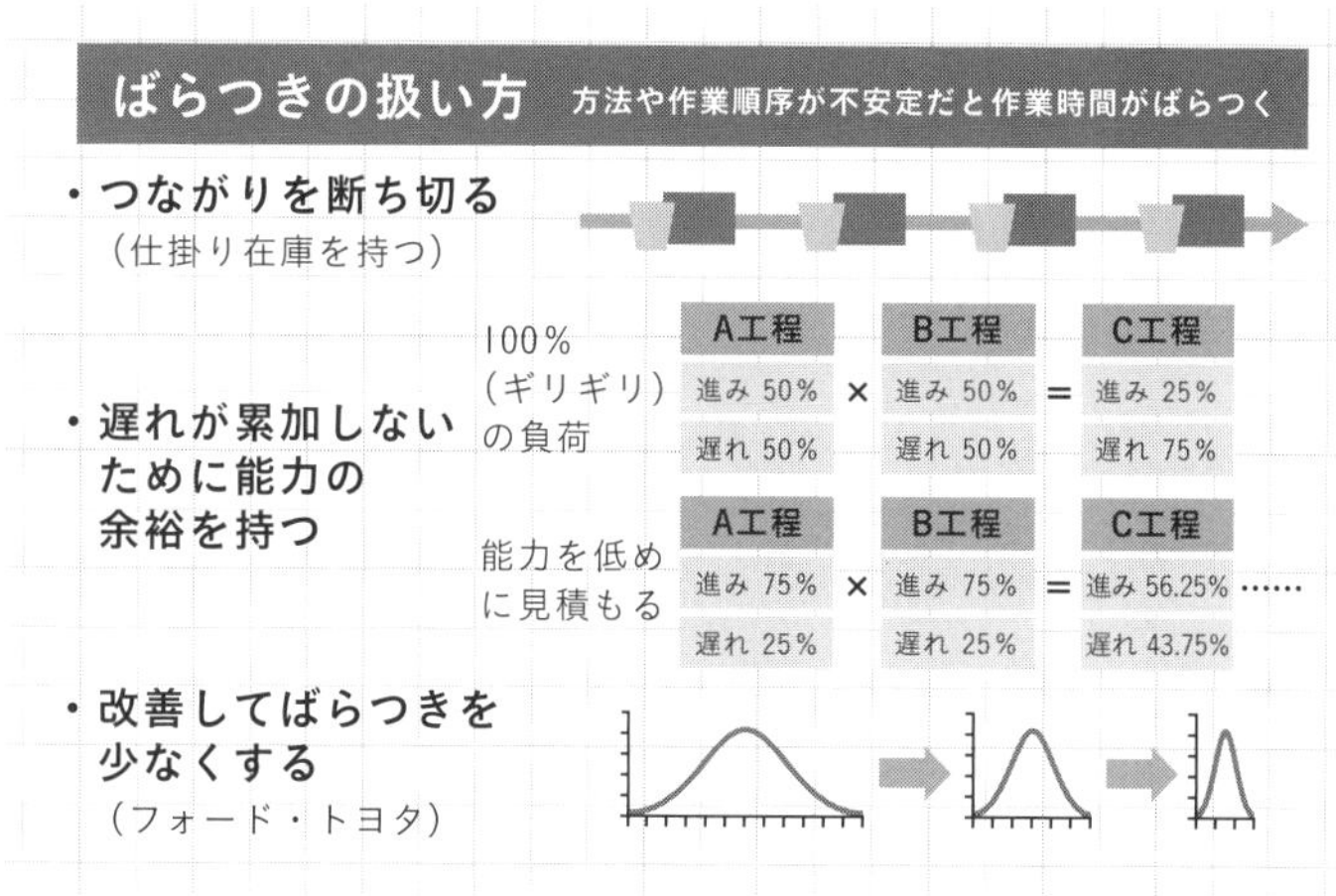
ばらつきの扱い方　方法や作業順序が不安定だと作業時間がばらつく
・つながりを断ち切る
（仕掛り在庫を持つ）
・遅れが累加しないために能力の余裕を持つ
100%（ギリギリ）の負荷
A工程 進み 50% 遅れ 50%
×
B工程 進み 50% 遅れ 50%
=
C工程 進み 25% 遅れ 75%
能力を低めに見積もる
A工程 進み 75% 遅れ 25%
×
B工程 進み 75% 遅れ 25%
=
C工程 進み 56.25% 遅れ 43.75% ……
・改善してばらつきを少なくする
（フォード・トヨタ）

図表17　ばらつきの扱い方

4

TOCの着眼と発展――「巨人の肩の上に立つ」とは？

工程のさまざまなばらつきやトラブル、「多品種への対応」という環境変化によって悪化する製造環境――。ゴールドラット博士は「私の仕事はTPSを引き継いだものだ」と語っていますが、TPSの限界を打ち破るために、博士がどのように思考していったかをたどってみましょう。

前述したように、トヨタを徹底研究したMITのジェームズ・ウォマック博士らだけでなく、トヨタ自動車自身も北米にTSSC（Toyota Production System Support Center, Inc.）を設立して積極的にノウハウを公開したことで、TPSは欧米企業に広まりました。その一方で、TPS導入に失敗する場合も少なくありませんでした。

　このようなTPSの体系に対して、ゴールドラット博士は「トヨタ生産方式というのはトヨタのための仕組み。確かにトヨタ本体には大きな成功と繁栄をもたらしたが、それ以外の企業では導入してもなかなかうまくいかない」と異論を唱えました。「時代が変わり、多くの企業はトヨタ生産方式が前提とした条件（Assumption）を満たすのに十分な『環境』にない。だからTPSの適用は難しいのだ」と主張したのです。

　ゴールドラット博士の着眼は、大野耐一がTPSを構築した時代とは異なる「安定しない環境」で、フローの概念をどのように適用していくかでした。

　博士はTPSの抱える問題について、次のような点を指摘しました。

- **TPSの適用は比較的安定な環境に限られる**
- **多くの企業は現在の環境では不安定さに苦しんでいる**

　そして、不安定な環境では、フローの改善により得るものは安定的な環境のそれよりもっと大きいとし、不安定な環境に対応できず苦しむ企業は、多額の儲けそこない（ロストプロフィット）を内在しており、フローの改善によって利益を劇的に増やすことが可能であると主張したのです。

その上で、TPSが効果を発揮するためには**「製品需要」「生産プロセス」「工場負荷」という3つの「安定」**が必要で、それが確保できない環境でも適用できる具体的な方法論が必要だと述べました。

博士は2008年に論文「Standing on the Shoulders of Giants（巨人の肩の上に立って）」を発表し、TOCの手法とそれに先立つフォードシステム、TPSとの関わりを論じ、オペレーション・マネジメントの進化を明らかにしました。

その中で、自身が開発したTOCの手法体系がフォード・トヨタの基本概念を応用したものであることを明らかにし、この基本概念は、フォードから大野耐一（トヨタ）、ゴールドラット（TOC）と100年以上の長きにわたって受け継がれ、何も変わっていないことを具体的に説明しました。

それによれば、フォード・トヨタ・TOCが共通して追い求めた「目的」は、次の「4つの根本概念（Fundamental Concept）」に集約されるとしています。

・4つの根本概念

①フロー（リードタイムと同等）を良くすることがオペレーションの根本的な目標である

Standing on the Shoulders of Giants　日本語訳は『何が、会社の目的を妨げるのか』（ダイヤモンド社）に収載。

②この根本的な目標のために、（つくり過ぎを防ぐために）いつ生産してはいけないか、オペレーションをガイドする現実的なメカニズムが必要である
③部分的な効率追求は無視されなくてはならない
④フローをバランスさせるための集中プロセスがなくてはならない

巨人の肩の上に立つ――「学び方」を知る

「巨人の肩の上に立って」とは、万有引力の法則を発見したアイザック・ニュートンの言葉です。ニュートンが知人に宛てた手紙の中で、「私が彼方を見渡せたのだとしたら、それはひとえに巨人の肩の上に乗っていたからだ（If I have seen further it is by standing on the shoulders of Giants.）」と書いたことから、「新しい発見や成果は、先人の成果に基づいた過去の成果や知識の上で生まれる」という意味合いで、欧米では一般的に使われる言葉です。

論文の中で、ゴールドラット博士は、自らのＴＯＣという業績は、ヘンリー・フォード、大野耐一という巨人の業績の上に立って初めて成立したものであるとし、２人に尊敬と感謝の意を示し、そして自らが自身の経験やＴＯＣ手法そのものを開発するために行った「思考手順」を詳細に記しています。それによれば、論の立て方や自説の主張の仕方は「３つの仮定

（必要条件）」に集約されると教えています。

①フォードシステムやTPS、TOCといった「手法」や「哲学」を適用（Apply）することと、それが基礎としている「根本概念（Fundamental Concept）」は同じではないということ

②その根本概念は多くの場合、抽象化（Generic）されており、表面的には見えず、場合によっては理解するのが困難だということ

③その根本概念を実際の環境に適用するためには、その根本概念を特定の環境に「変換（Translate）」するための「仮定（Assumption）や条件（Condition）」を詳細に検討しなければならないこと

実は本書もこの思考手順に則って執筆しているのですが、これは極めて本質的な教えだと考えています。

それではこの「3つの仮定」を順番に見ていきましょう。

最初の「根本概念（Fundamental Concept）」とは、「全体を貫く基本的な観点・考え方」

という意味合いで、「適用」は、規則や手順などを、個別の事例に当てはめて用いるということを指します。「根本概念」とは、言い換えれば「原理」や「目的」と同じような意味合いになります。

2番目の、「根本概念は多くの場合、抽象化されており」というのは、まさに「製造業のマネジメントの根本概念は『フローを良くすること』なのだけれど、各自が各自の考えで、（抽象化して）違うことを言っているように見えるから、本質として理解するのが難しい」ということを言っています。実は、抽象化は概念を説明するための方法論なので、当然のことを言っているまでなのですが、こう書いてしまうと本当にわかりにくく感じます。

そして、最後の3番目の、「その根本概念を実際の環境に適用するためには、その根本概念を特定の環境に『変換』するための『仮定や条件』を詳細に検討する」というのは、説明したように、置き場、かんばん、ロープという手段の変化を起こすために、変化した条件を具体的に考え、対策を捻り出すということです。

この3つの教えをもう少し具体的に整理すると、次のような手順になります。

①私たちの本質的な目的を確認する
②今まで適用されていた基本手順と、依って立つ仮定と条件を確認する
③環境がどう変化したか見極める
④今日の環境下でも、変化しないやり方は何か、具体的に定義する
⑤変化に適応するために、何を変えなければならないのか、条件と手順を具体的に定義する

「本質」とその「適用」、そして適用方法を決める「仮定」や「条件」の具体的な切り分けの方法が、少しはわかりやすくなったでしょうか。

▼ゴールドラット博士の思考手順

ではこの手順を、「流れを良くする」という目的を達成するために、ゴールドラット博士がチャレンジした方法で追体験してみましょう。

論文中で、ＪＩＴからＴＯＣへの仮定の変更は、安定および比較的安定な環境から、不安定な環境、そしてそれによって生ずるアンバランスによるものだということを繰り返し述べていますが、この手順に当てはめてみると、次のようになります。

①私たちの本質的な目的を確認する

・普遍的な「ゴール（原理）」はフローを改善すること（Flow is No1 consideration）

②今まで適用されていた基本手順と拠って立つ仮説と条件を確認する

・かんばん方式をはじめとするTPSには、3つの安定（製品需要・生産プロセス・工場負荷）が必要である

③環境がどう変化したか見極める

・今日の環境は、TPSが前提とした環境よりも不安定で3つの安定が確保できていない
・不安定ならば、工場のものづくりのフローはアンバランスになり、「ボトルネック」が発生する
・もしボトルネックが存在すれば（前提条件）、ボトルネックがシステムの供給能力を決める
・多品種少量のものづくりが進み、環境はより複雑になっている

④今日の環境下でも、変化しないやり方は何か、具体的に定義する

・複雑さに対応した、改善し続ける仕組みを組織にビルトインする

⑤変化に適応するために、何を変えなければならないのか、条件と手順を具体的に定義する

・環境要因が変化するなら、バランスしたラインは構築できない、ならばアンバランスでも高い生産性と短いリードタイムを実現するカギは「ボトルネック」である。だからボトルネックを徹底活用して、量の最大化を実現して、非ネック工程の保護能力を仕掛りゼロのために積極的に活用し、リードタイム最短を実現する

・複雑さに対応するため、物理的な制約と、目に見えない制約を同時に認識し、改善する具体的な方法論が必要である

TOCは小説『ザ・ゴール』のベストセラー化によって全世界に広まりました。そして、これまでTPSの適用が難しいとされてきた半導体や金属加工など設備集約型産業で特にその効果は顕著でした。

論文の中で、博士はその実例として、日立ツール（現：三菱日立ツール株式会社）を挙げ、フローの改善によって得られた劇的な利益向上を紹介。「TPSの生誕の地である日本の企業でも、環境によってはTPSの導入は難しく、TOCのほうがより効果を上げることができる」とTPSに対するTOCの優位性を主張したのです。

日立ツールの事例　村上悟ほか『在庫ゼロ リードタイム半減 TOCプロジェクト』（中経出版）のほか、以下のURLを参照。
http://www.goal-consulting.com/showcase/pdf/2012hitachitool.pdf

5 TPSとTOC、要するにどう違う

前述のように、フォードシステムを構築したヘンリー・フォードは、同期（流れ）を大変重要視していました。その完成形と言われるのが、鉄鉱石を投入してから完成車までがわずか2日という速度で生産が行われたハイランドパーク工場でした。

「フローの改善」をめぐる進化

しかし、そのフォードであっても、創業者ヘンリー・フォード亡き後は、「量のパラダイム」に飲み込まれます。

量を追いかけるか、流れを速くするかという、ものづくりの2つのパラダイムは、100年という時間の流れと、競争環境の変化の中で、さまざまな仕組みとして企業システムの中に組み込まれていきました。そんな中で進化した仕組みが、フォードシステム、TPS、TOCであり、せめぎ合うパラダイムの中で、オペレーションの根本的な目標（Fundamental Concept）を「フローの改善」と定め、連綿とその考え方を受け継いできたのです。

これらに共通した「フローを良くする」という根本概念のもとで、「3人のヒーロー」が共通して取り組んだのが、**「つくり過ぎ」によってシステム内（現場）に発生する仕掛在庫が引き起こす「渋滞（Delay）」への対策**です。「いつ何をつくらないべきか」とは、簡単に言えば「ブレーキ」の役割です。これを管理するために使ったメカニズムが、フォードは仕掛り置き場、大野はかんばん、ゴールドラットはDBRのロープと呼ばれるシグナルの伝達装置だったのです〈図表18〉。

そして、「皆が忙しく働く」という部分的な効率を廃止するための評価基準として、フォードは「作業者が判断しない仕組み」を構築しました。それは、テイラーシステムを採用し、習熟なしで誰でも作業できる方式を構築した結果でした。

	フォード	トヨタ	TOC
生産システムの目的	同期大量生産	必要なときに必要なだけつくる(JIT)	スループットの最大化
生産計画(何をいくつ、いつまでに)を決めるもの	生産計画(売れるであろう分)	平準化生産(売れた分)	顧客納期
生産ペースを決めるペースメーカー	ベルトコンベアの速度	かんばん	ボトルネックの生産スケジュール
緩衝機能(バッファ)	仕掛り置き場	標準手持ち	CCRバッファ 出荷バッファ
逸脱した際のブレーキ&見える化	仕掛りが置き場いっぱいになったらストップ	あんどん 仕掛けかんばん	ロープサイン(バッファのステータス)
評価基準(ポリシー)	作業者が判断しない	ニンベンの付いた自働化 標準作業 ラインを止める	ボトルネック＝徹底活用 それ以外＝作業があれば最速で完了、なければ手持ちOK
継続的改善	誰でも作業できる単位まで作業を分解する	7つのムダ なぜなぜ5回	継続的改善の5ステップ TOC思考プロセス

図表18　「流れ化」の機能比較

トヨタは「ニンベンのついた自働化」という考え方で、標準作業を制定し、異常があれば速やかにラインを止め、作業者と管理者が一体となって原因を究明する「考える仕組み」を導入します。

TOCは、工程の評価をボトルネック工程と非ボトルネック工程に分けて、ボトルネック工程は最後の一滴まで徹底活用し、非ボトルネック工程はリードタイムを追求し、作業があれば最速で完了、なければ手待ちが発生してもOKとするという「導入しやすく変動に強い仕組み」をつくり上げました。

さらに、フローをバランスさせるための集中プロセスについては、トヨタでは、「7つのムダ」「なぜなぜ5回」と呼ばれるアプローチでした。それに対してTOCでは、「継続的改善の5ステップ」「TOC思考プロセス」など、物理的なフローだけでなく、目に見えない方針的な問題やマーケティング領域への適用を考え、手法を拡張し続けたのです。

この進化の過程で、環境が多様化し、製品や市場が複雑化する状況に合わせた対応が取られていますが、その中でも「**人間の果たすべき役割**」が一番大きく変化しています。

TPSとTOCの違い

TOCは、ボトルネック前に集約した「タイムバッファ」と非ボトルネック工程の「保護能力」を積極的に活用することで、かんばんが機能しづらい不安定な環境でも、フローの安定を実現しました。

保護能力とは、**図表19**のようにボトルネック以外の工程でネック工程を保護するための能力の余裕を表し、簡単に言えば、何かトラブルがあってもネック工程に追いつくための能力の余裕のことです。バッファを大きく取れば保護能力は少なくて済みますが、リードタイムは長期化し、バッファを小さくすれば

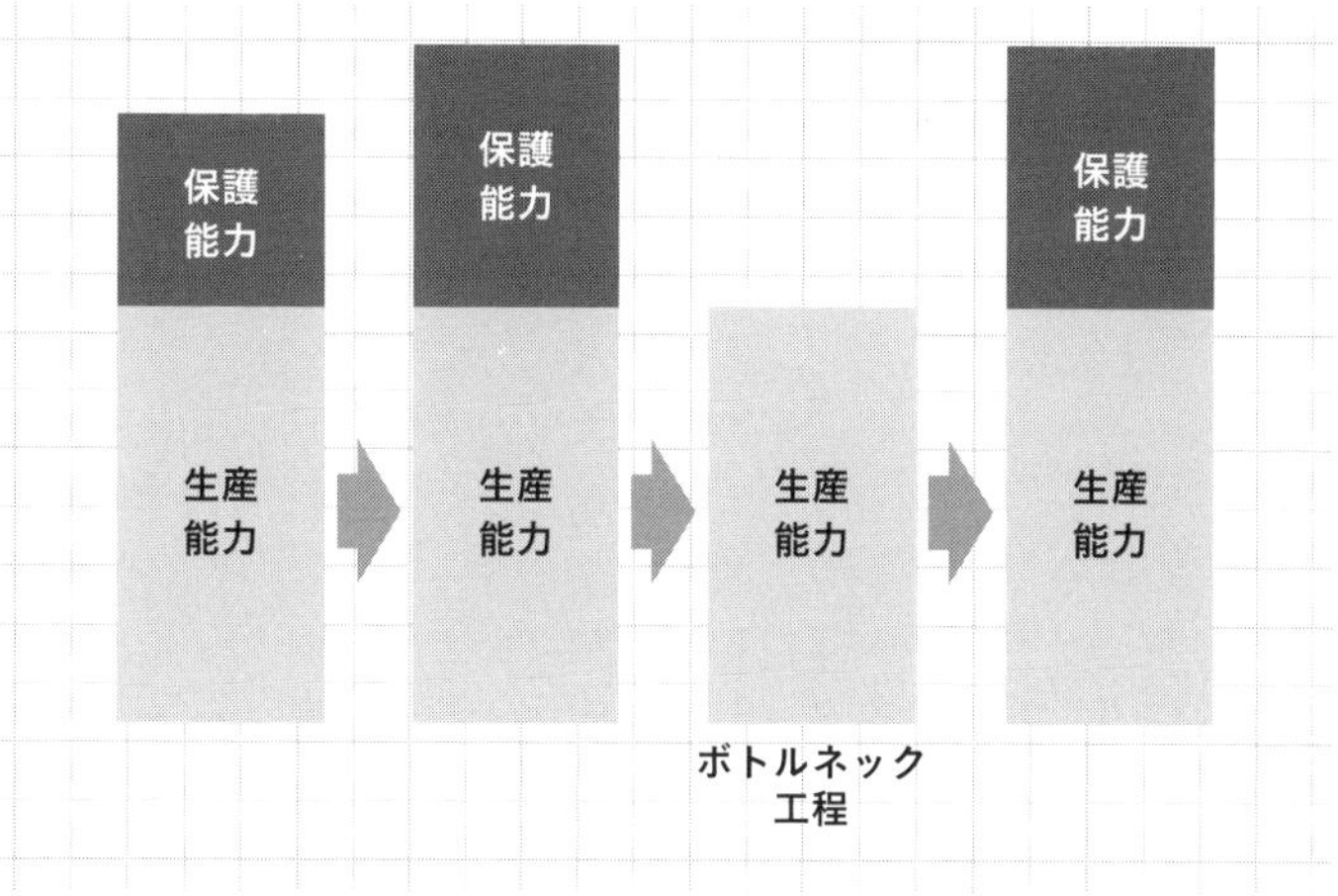

図表19　生産能力と保護能力

保護能力を多めに取らないとスループットが失われることになります。

TPSでは、「工程のアンバランス」をスループットに結びつかないもの、ムダとして極力改善して排除します。これに対してTOCは、環境変化の条件の違いを上手に活かして「ばらつき」に対応しました。これは、しょせん不安定な環境では、ライン能力のバランスは実現できないという前提に立ち、ならば**不安定を積極的に活かし、ボトルネックと非ボトルネックの能力差を生産能力と保護能力という形で徹底活用する**ことにしたのです。

TOCはTPSの後工程引き取り方式のように、すべての工程を順次管理するわけではなく、「投入・ボトルネック・納期」という3点に管理ポイントを集中させることで、変動対応力を著しく向上させることに成功しました。

さらに品種数が多い場合でも、TPSでは同期生産のツールとして、かんばんという特定品種に一対一で個別対応する仕組みを使いますが、TOCでは品種に限定しない「時間」という汎用的な概念（タイムバッファ）に置き換え、数多くの品種を生産することを可能にしました。たとえば、ボトルネック工程で30分の作業が完了したら、30分の新しい作業（タスク）を投入するという仕組みです。

これは、言い換えれば、「かんばんの発行枚数で工程内の仕掛り枚数をコントロールできる」という本質を見抜いて、より汎用化することによって、自動車産業よりもより不確実性が高い環境に容易に移植することを可能にし、より速く実行できるようにしたのです。

ここまで、変動性について検討してきました。今日までのフォード、トヨタ、ＴＯＣと続くオペレーション・マネジメントの歴史が、変化する環境と、それに伴って変わる変動性（ばらつき）との戦いであったことがおわかりいただけたでしょうか。

第4章

大きくなると複雑になる

1

複雑さへのチャレンジ──大野耐一のアプローチ

私たちは昔から複雑さと戦ってきました、1920年代から始まったものづくり大競争は、フォードのT型フォード1品種から始まり、GMの多品種化によるフルライン戦略の成功、トヨタは多品種の混流ラインをつくり上げ、TOCはそれでも足りず、かんばん方式をシンプルにしたDBR（ドラム・バッファ・ロープ）で多品種少量に対応しようとします。

このように、社会が発達すると、多くの企業が多くの顧客の異なったニーズに応えようとして、さらに世の中は複雑になります。ここからは、「ばらつき」とともに環境変化によってクローズアップされた「複雑さ」とは何か、複雑な事象を扱うためにはどう考えていけばよいのかを検討していきます。

「複雑である」とは、どんな状態を指すのでしょう。これは「**多くの要素がバラバラに動く状態**」と考えるとよくわかります。複雑さの度合いは、その要素の数とその種類によって決まり、要素の数と種類が多ければ多いほど複雑さは増してくるということになります。

一般的に、多くの要素が存在しているときには、一つひとつの要素に切り分けて認識し、個別に対応するアプローチを取ります。しかし、一つひとつの要素は相互に因果関係でつながっていることが多く、バラバラに対応をとったとしても、問題の根本的な解決につながらないことが多いのです。ゴールドラット博士は、「複雑性に対して、システム全体を多くのサブシステムに分割し、それらがあたかも独立したユニットであるかのように個々のパフォーマンスの最大化を目指しているが、これは組織全体に有害な部分最適を広めることになる」と警告しています。

確かに、一般的に私たちは、機能別組織で仕事を部署単位に切り分け、それぞれに担当範囲を決めてそのパフォーマンスが最大になるように努力しています。しかし、そうすればするほど、自分の都合を優先して目の前のことに集中することで、サイロ型（たこつぼ型）の組織が出来上がり、部分最適を呼ぶと指摘しているのです。

デカルトは「複雑なものは単純なものの集まりである」と教えています。しかし、これは物事が単純だと教えているのではなく、複雑だからこそ単純なものに切り分けて、理解することから始めなさい、そして次に全体感を持って再構成しなさいと教えているのです。

では、今日の環境で、どのように「複雑さ」にチャレンジすればよいのでしょうか。大野耐一とゴールドラット博士が複雑さにどうアプローチしていったかをたどっていきます。

まずは大野率いるトヨタからです。

トヨタの三現主義となぜなぜ5回

豊田自動織機の創業者である豊田佐吉が考案した自動織機は、人間の手作業を自動化し、前述のように糸が切れたら自動で停止する機能などを組み入れ、「自働化」を実現することで、生産性を飛躍的に高めました。そして、佐吉の長男でトヨタ自動車創立者の豊田喜一郎は、「ものづくりの理想は、機械、設備、人などがまったくムダなく働いている状態」という理想を掲げ、ムダを排除する「ジャストインタイム」の考え方を主張しました。これは「日々の問題を日々解決し、理想に近づける」という継続的改善の考え方の先駆けです。

ただ、もう少し時代が進み、市場・顧客ニーズが多様化すると、その要求はどんどん複雑になり、問題も非常に多岐にわたり、それぞれの関係性が複雑に絡み合って、問題解決は極めて困難になっていきました。トヨタでも、在庫や不良、作業そのものなど、それぞれが「複雑に」絡み合い、ムダがムダを生み出すような状況を呈していました。

しかし、結果には必ず原因があります。ムダがムダを呼ぶ現状に気づいた大野は、「三現主義」と呼ばれる、「現地で現物を見て、現実を知る」という情報収集法と「なぜなぜ」と問いかけ、根本的な原因を探り出すアプローチを組み合わせて、**物事の真の原因（真因＝Root Cause）**を探し出すやり方を編み出したのでした。

大野は『トヨタ生産方式』の中で、「機械が止まった」という問題を例に挙げて、「なぜ」を問うことの重要性を次のように説明しています〈次ページ図表20〉。

一つの事象に対して、五回の「なぜ」をぶつけてみたことはあるだろうか。言うはやさしいが、行なうはむずかしいことである。

たとえば、機械が動かなくなったと仮定しよう。

（1）「なぜ機械は止まったか」

「オーバーロードがかかって、ヒューズが切れたからだ」

(2)「なぜオーバーロードがかかったのか」
「軸受部の潤滑が十分でないからだ」
(3)「なぜ十分に潤滑しないのか」
「潤滑ポンプが十分くみ上げていないからだ」
(4)「なぜ十分くみ上げないのか」
「ポンプの軸が摩耗してガタガタになっているからだ」
(5)「なぜ摩耗したのか」
「ストレーナー(濾過器)がついていないので、切粉が入ったからだ」

以上、五回の「なぜ」を繰り返すことによって、ストレーナーを取りつけるという対策を発見できたのである。
「なぜ」の追求の仕方が足りないとヒューズの取り替えやポンプの軸の取り替えの段階に

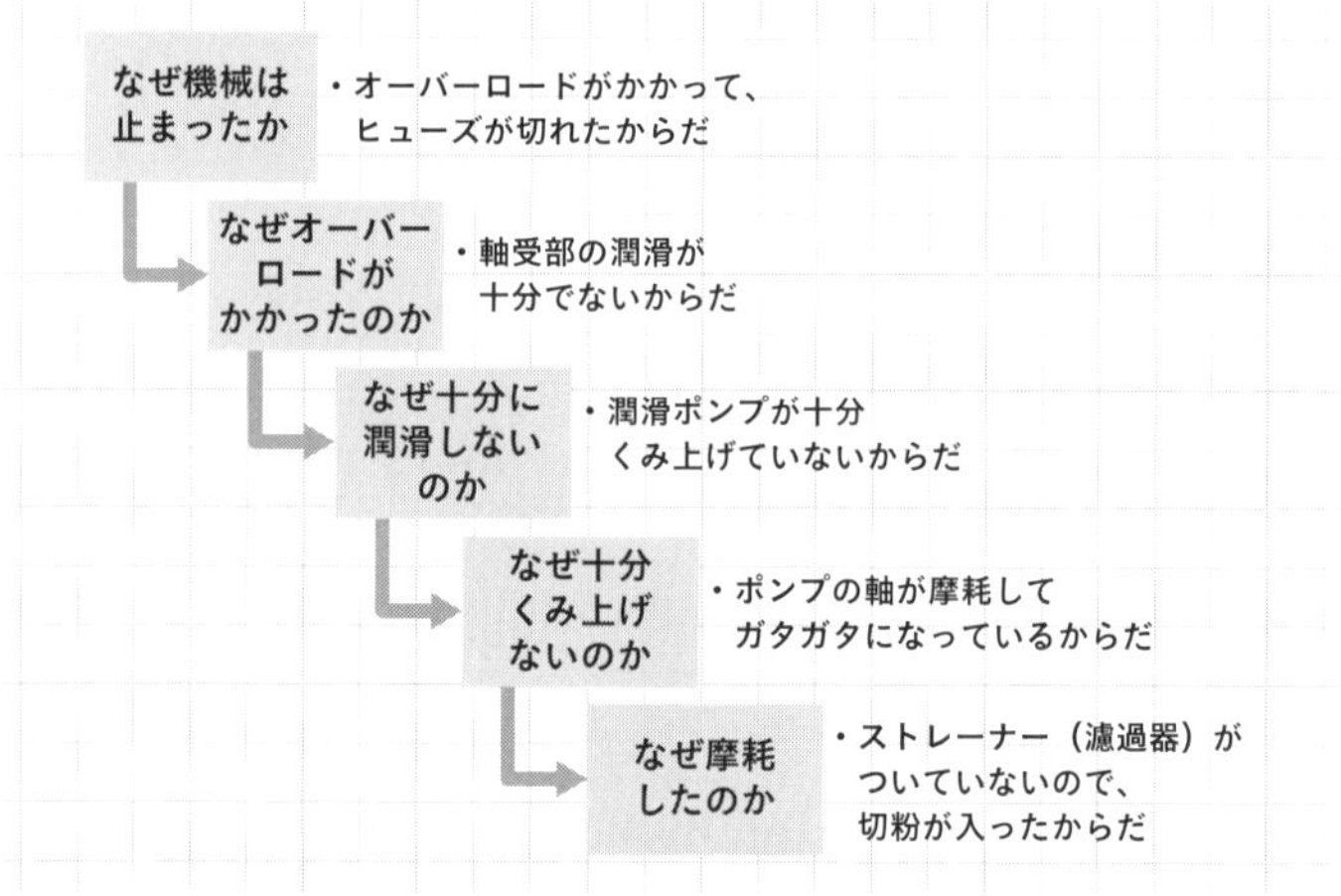

なぜ機械は止まったか
・オーバーロードがかかって、ヒューズが切れたからだ
なぜオーバーロードがかかったのか
・軸受部の潤滑が十分でないからだ
なぜ十分に潤滑しないのか
・潤滑ポンプが十分くみ上げていないからだ
なぜ十分くみ上げないのか
・ポンプの軸が摩耗してガタガタになっているからだ
なぜ摩耗したのか
・ストレーナー(濾過器)がついていないので、切粉が入ったからだ

図表 20 トヨタのなぜなぜ5回

終わってしまう。そうすると、数ヵ月後に同じトラブルが再発することになる。

これが大野の言う、「事実に基づく、根本原因を突き止める科学的な解析」です。こうして、大野は徹底して現場で現実を見つめ「目に見える解決策」にこだわりました。その根底にある考えは、「複雑さへの有効な対策は、因果関係を明確にして要素間のつながりを明らかにし、対応すべきポイント（真因）を決めることだ」ということなのです。

2

複雑さに対応したTOCの進化

TOCにおける「複雑さ」へのアプローチは、TOC手法が拡張され、生産以外の環境にも適用されるようになって、物理的なボトルネック以外の制約に適用する必要に迫られたことから始まりました。ゴールドラット博士は「複雑さ」について、「システム内の各要素の自由度が高ければ高いほど、システムはより複雑」なのだと教えています。

図表21のシステムAはそれぞれがバラバラに動き、システムBは最下部の要素から因果関係で各要素が同期して動くと考えた場合、自由度はどうなるでしょうか？　システムBは一番下の要素を動かせば、原因と結果の矢印をたどって、他の要素すべてに影響を及ぼすことができるので自由度は1に、Aは4つの要素がバラバラに動くので自由度は4となります。

自由度が4のシステムは、自由度1のシステムより桁違いに複雑で、動きを予想するのもコントロールするのもずっと難しいのだと指摘します。

博士は、問題を列挙し、上から順番に改善を行う従来の手法のバカバカしさに対して、次のように指摘します。

「こうしたアプローチは、うまくいっても、取るに足らない改善しかもたらさない。『ギャップの間には相互依存関係はない』という誤った仮定がアプローチの根底にあるからだ。しかし因果関係が存在すると考えると、そのギャップは実は単なる症状、つまり**より深い原因に起因する望ましくない事象（ＵＤＥ：Un-Desirable Effect）に過ぎないこと**がわか

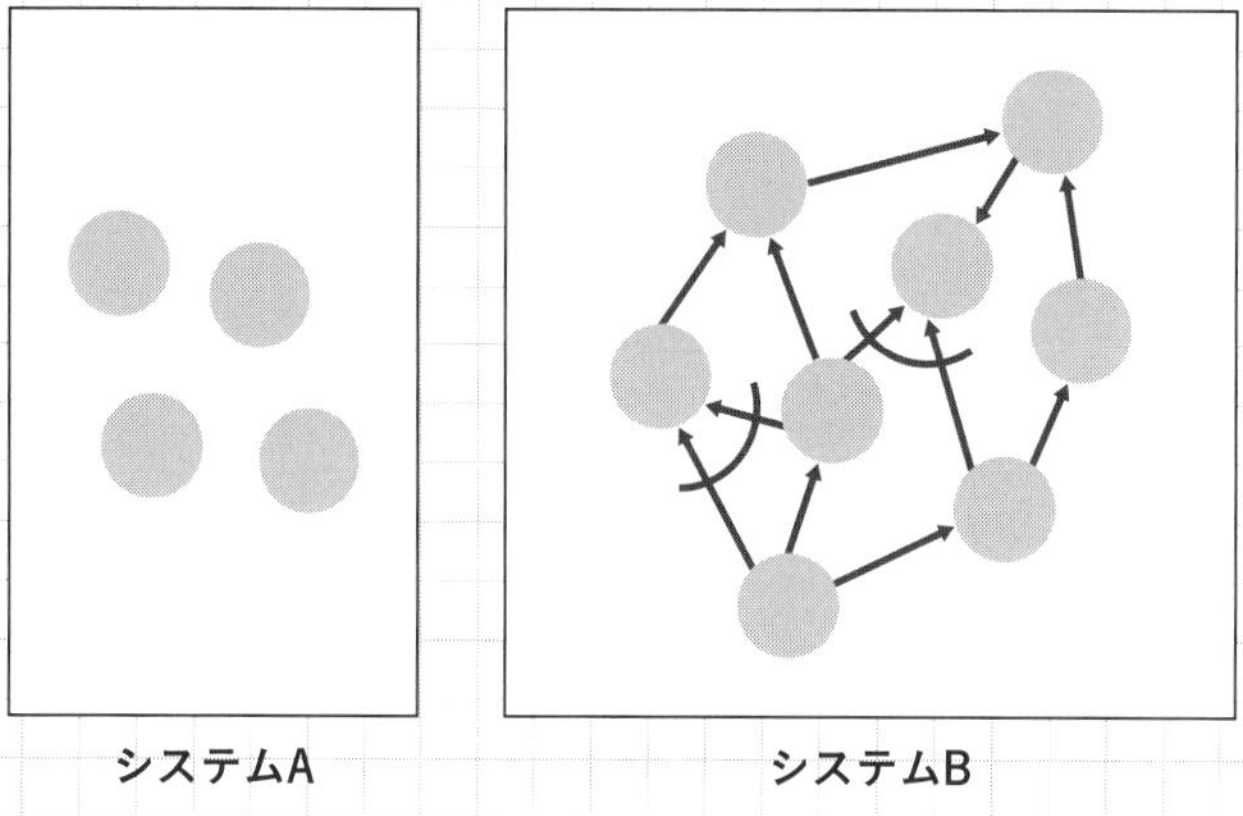

図表21　それぞれのシステムの自由度は？

る。個々のＵＤＥに直接対応したところで、本来取るべき行動が何なのかを知ることができないどころか、逆にやるべきでない多くの行動を促すことになってしまう」

このような思索の中で、ゴールドラット博士はある特徴的な問題に気付いたと言います。一つは、ＴＯＣの生産改善の手法を推進する場合に、目に見えない方針上の問題（制約）が大きな障害になることがたびたびあり、これらの方針を変えることは複数の部門が複雑に絡み、多くの対立が生じてなかなか議論が前に進まないということです。

そしてもう一つの問題は、ＴＯＣの生産改善手法を適用して生産能力に余剰が生まれても、それに対応して売上が伸びない場合に起こります。このような状況は、多くの場合、生産部門のレイオフにつながります。そしていったんレイオフが行われると、これらの部門では改善活動があとかたもなく消えてしまい、「改善を進めた部門が犠牲になる」いう最も好ましくない結果だけが残ってしまうのです。

そこでゴールドラット博士は、生産部門の改善と並行して市場を拡大する具体的な方法と、誤った方針上の問題をあぶり出す手法が何としても必要であると感じたのです。

ブレイクスルー案を導く「TOC思考プロセス」

このような背景のもとに生まれたのが、TOC思考プロセスと呼ばれる手法です。思考プロセスは、根深い対立のある複雑な問題に対して真の問題を特定し、**妥協案ではない「ブレイクスルー案」**を考え、それを実施まで持っていくためのシステマティックな手法です。

ゴールドラット博士は、思考プロセスを80年代後半から開発し始め、1994年にはそれを解説した『It's Not Luck』（邦訳：『ザ・ゴール2――思考プロセス』）という小説を出版しました。この結果、TOCは製造業でのマーケティングや方針制約といった生産以外の問題だけでなく、サービス業や米軍といった幅広い組織での問題解決にも活用されるようになりました。

TOC思考プロセスは、2つの手法体系から成っています。

まず、数多くの事象を、「もし（If）ならば」「そのときは（Then）」「なぜならば（Because）」という因果関係でつないで、根本的な原因を探っていきますが、物事の関連性を見るには、この考え方がすべての基本だとしているのです〔手法1〕。

このTOC思考プロセスの最大の特徴は、問題を「ジレンマ」として捉えるところにあります。一般的な定義では、問題とは「あるべき姿と現状のギャップ」です。しかし、TOC思考プロセスではその定義を少し広げて、問題を「ジレンマや葛藤」として捉えます。

要するに問題とは、「**2つの選択肢が存在し、どちらか一方に行動を決めかねる状態そのもの**」だというのです。図表22に示したように、行動を決めかねて、ふらふらしたり、本当は［D］をするべきだと思っても、相反する［D′］をせざるを得ないという対立（コンフリクト）が存在したりします。その対立を起点として、因果関係的にさまざまな「良くない出来事」が発生するというのです。

クラウド（対立解消図）と呼ばれる図は5つのボックスからなり、共通の目的［A］が存在したとしても、［D′］という行動を取らざるを得ない理由［C］が存在し、もう一方で［D］という行動をせざるを得ない別の理由［B］が存在して問題解決を妨げるという状態を分解して可視化するフレームワークです［手法2］。

多くの人間が絡み合う組織型の問題には、「組織の中の方針やしきたり（Policy）」が「評価や価値観（Measurement）」を形づくり、それによって発生した行動（Behavior）によって、

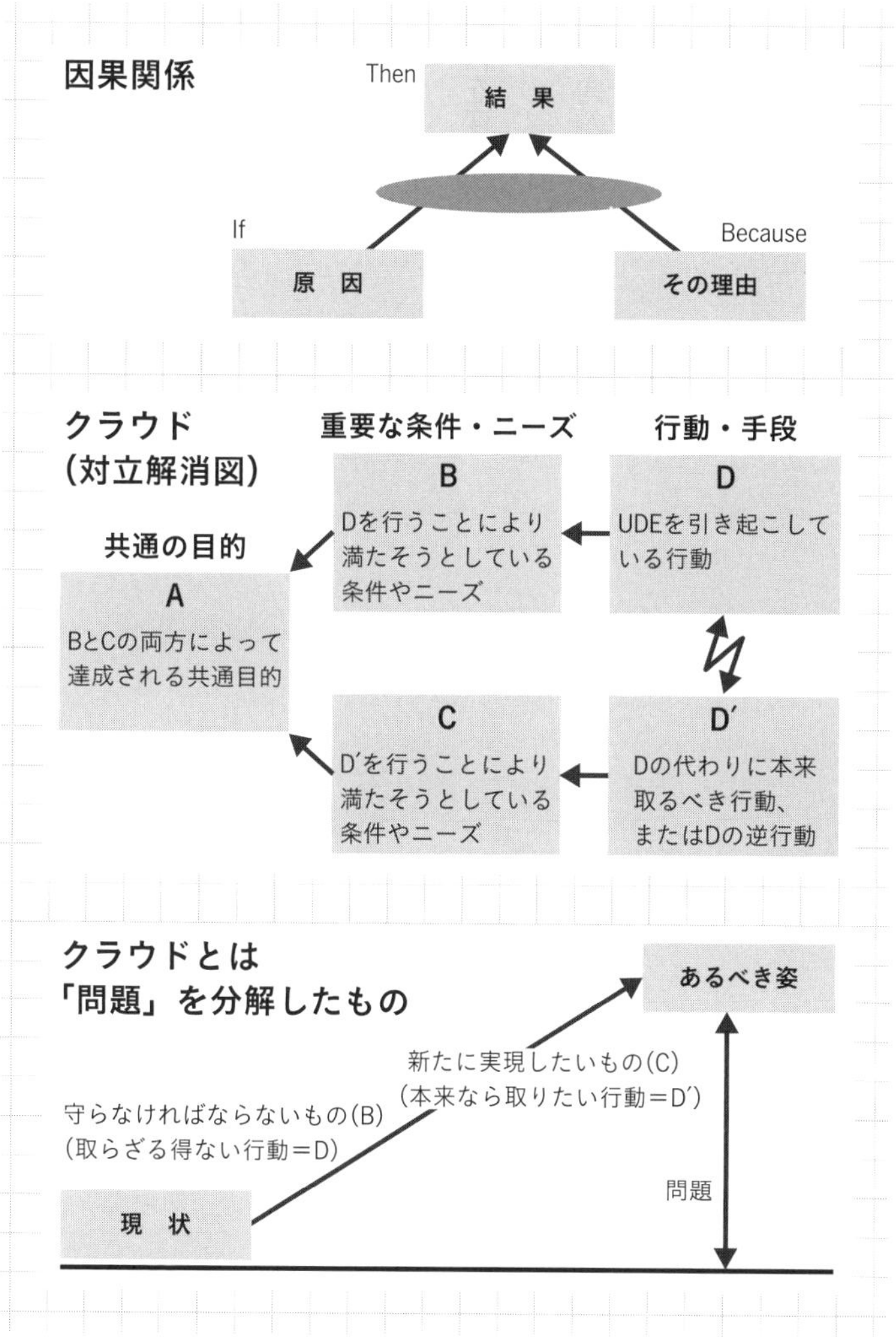

図表 22　TOC 思考プロセス

因果関係的に問題が引き起こされるという構図があります〈図表23〉。

要するに、方針があるために、評価を気にして行動を決めかねたり、本来はこうすべきだと思う逆の行動を取らざるを得なかったりというジレンマを引き起こし、その中途半端な行動の結果として多くの問題が発生する。だからこの**ジレンマ状態そのものが「真の問題」である**と考え、まずそこを制約と捉えて解消するのです。

TOC思考プロセスは、図表24に示した3つの基本的な質問に答えながら、このあと詳述する5つのツール（ツリー）を使って問題解決を進めていきます。

①何を変えるか？

このステップでは、「変えるべき本質的な問題」を見つけます。本質的な問題とは、目的達成に向かう上で存在する数々の〝好ましくない事実〟を引き起こしている根本的な原因です。問題解決を図る際、すべての問題に対して個別に対策を打つのは効果的でしょうか？

医者の処方を考えてみましょう。医者は通常、「頭痛」「関節痛」「発熱」「鼻づまり」「せき」などの個別の症状一つひとつに対して細かく治療をしたりはしません。それらの症状を引き起こしている病気を見つけ出し、その病気に対して治療を施します。

組織についても同様で、数々の「症状」には、それらを引き起こしている「病気」が存在

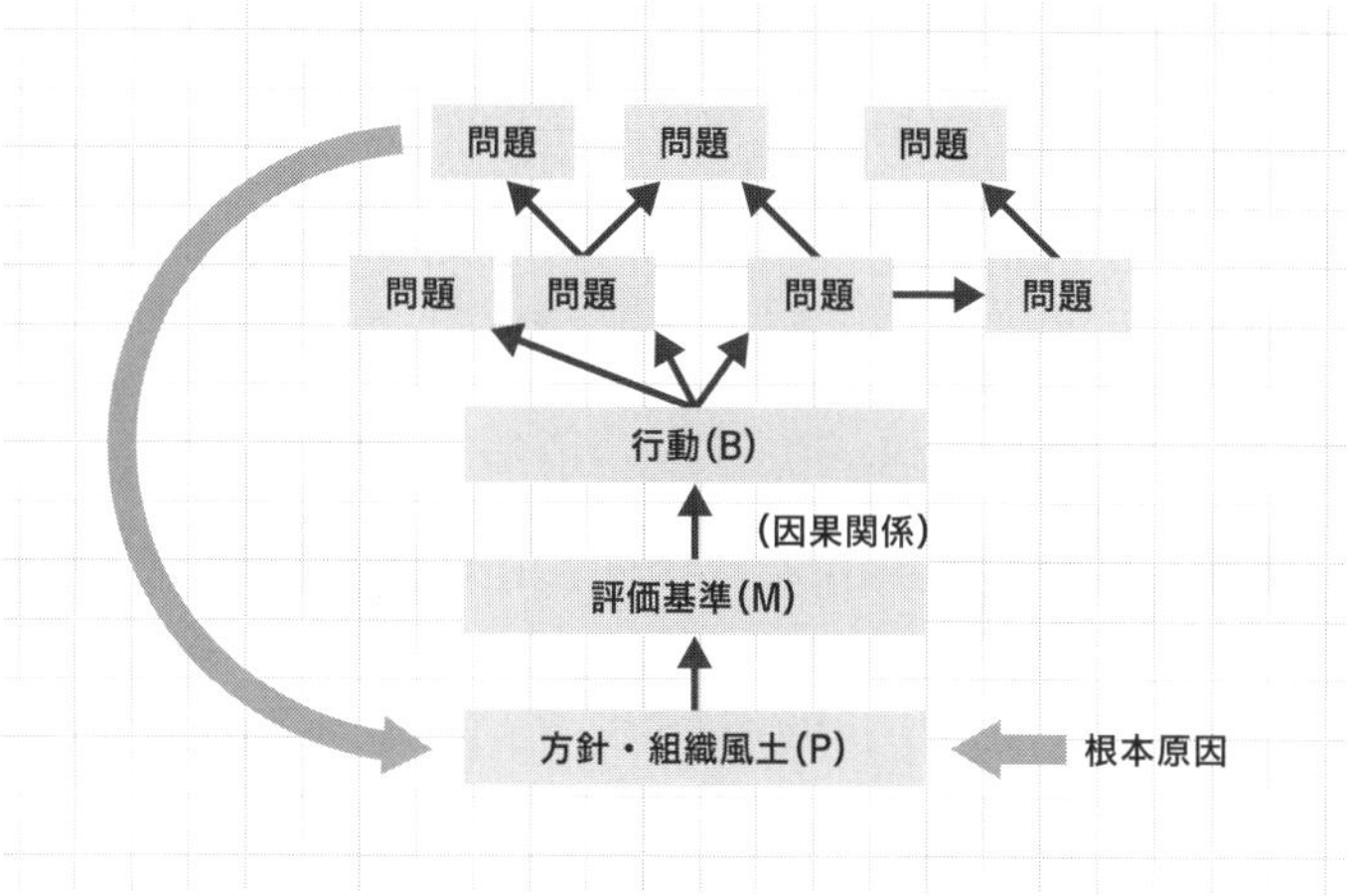

図表 23　問題を発生させるのは人間の行動

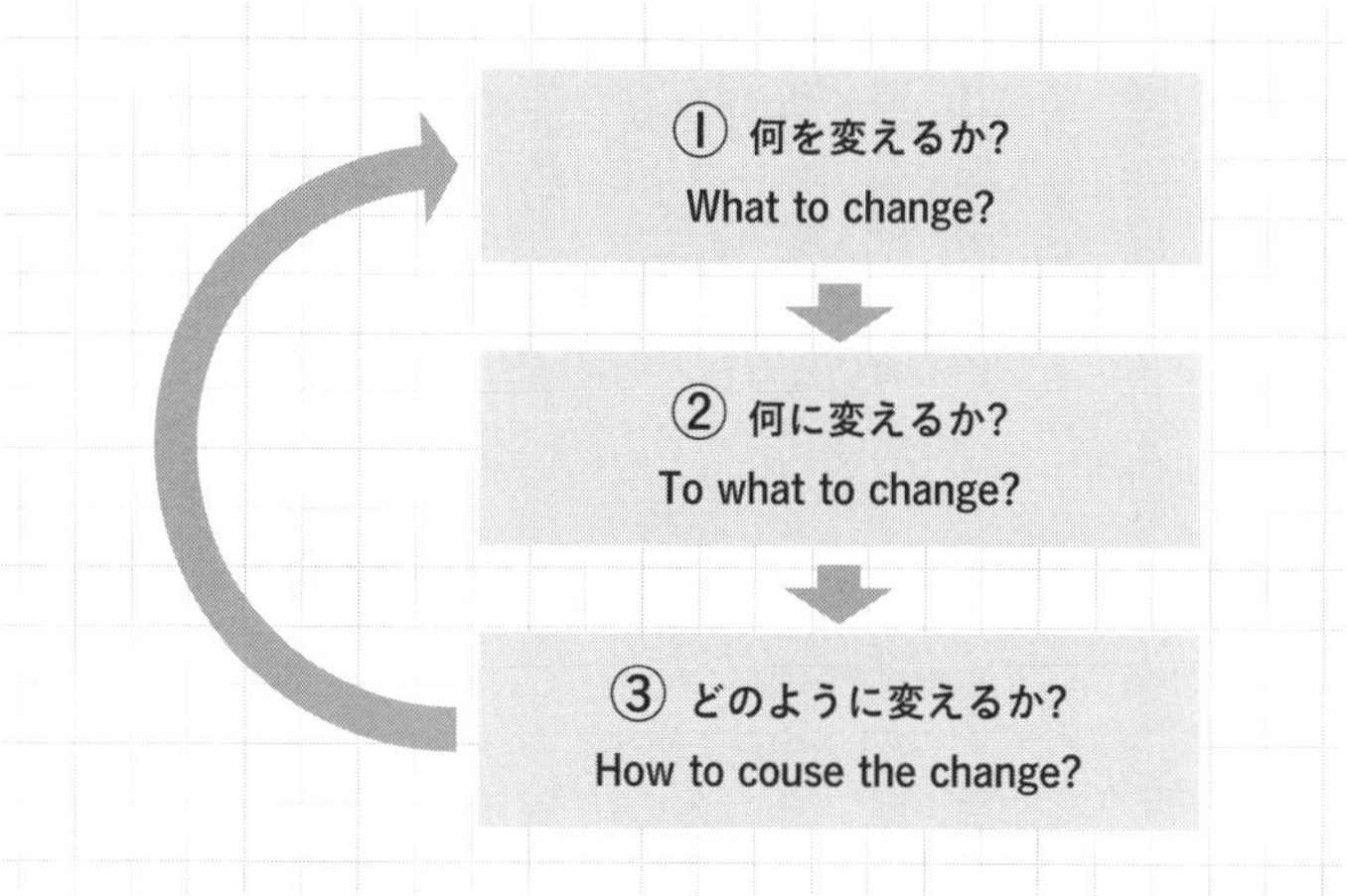

図表 24　3 つの質問

していると考えられます。TOC思考プロセスでは、その病気である「中核問題」に対して治療を施すことで、問題解決を図るのです。

②何に変えるか？

このステップでは、「何を変えるか？」で見つけた本質的な問題に対する解決策を見つけます。解決策を実行することで、思いがけない副作用が生じる可能性があります。ですから、ここでは生じる副作用も洗い出して、その対策も検討する必要があります。

③どのように変えるか？

このステップでは、「何に変えるか？」で見つけた解決策を実行するための計画を策定します。解決策を実行するためには、それを妨げるさまざまな障害が存在します。それらの障害を一つずつ乗り越えていくロードマップを描き、アクションを洗い出していきます。

組織全体に関わる中核問題を解決するためには、関係者の協力が不可欠です。しかしながら、人は変化に対して本能的に恐怖を抱きます。特に納得できない変化に対しては、恐怖のあまり、かたくなに抵抗します。ですから、変革を実現するためには、関係者の抵抗を取り除き、合意・協力を得る必要があるのです。TOC思考プロセスでは、人間の変化に対する抵抗心理を次の6段階の階層構造であると捉えています。

階層1　問題の存在に合意しない
階層2　ソリューションの方向性に合意しない
階層3　ソリューションが問題を解決できると思わない
階層4　ソリューションを実行するとマイナスの影響が生じる
階層5　ソリューションの実行を妨げる障害がある
階層6　その結果として起こる未知のことへの恐怖

TOC思考プロセスで用いる5つのツリー

TOC思考プロセスで用いる5つのツリーは、この抵抗の6階層に基づいて構成されています。次ページ図表25に示した5つのツリーを順番に構築することで、抵抗の階層を一つずつ突破しながら「何を変えるか?」「何に変えるか?」「どのように変えるか?」の答えを見つけることができます。

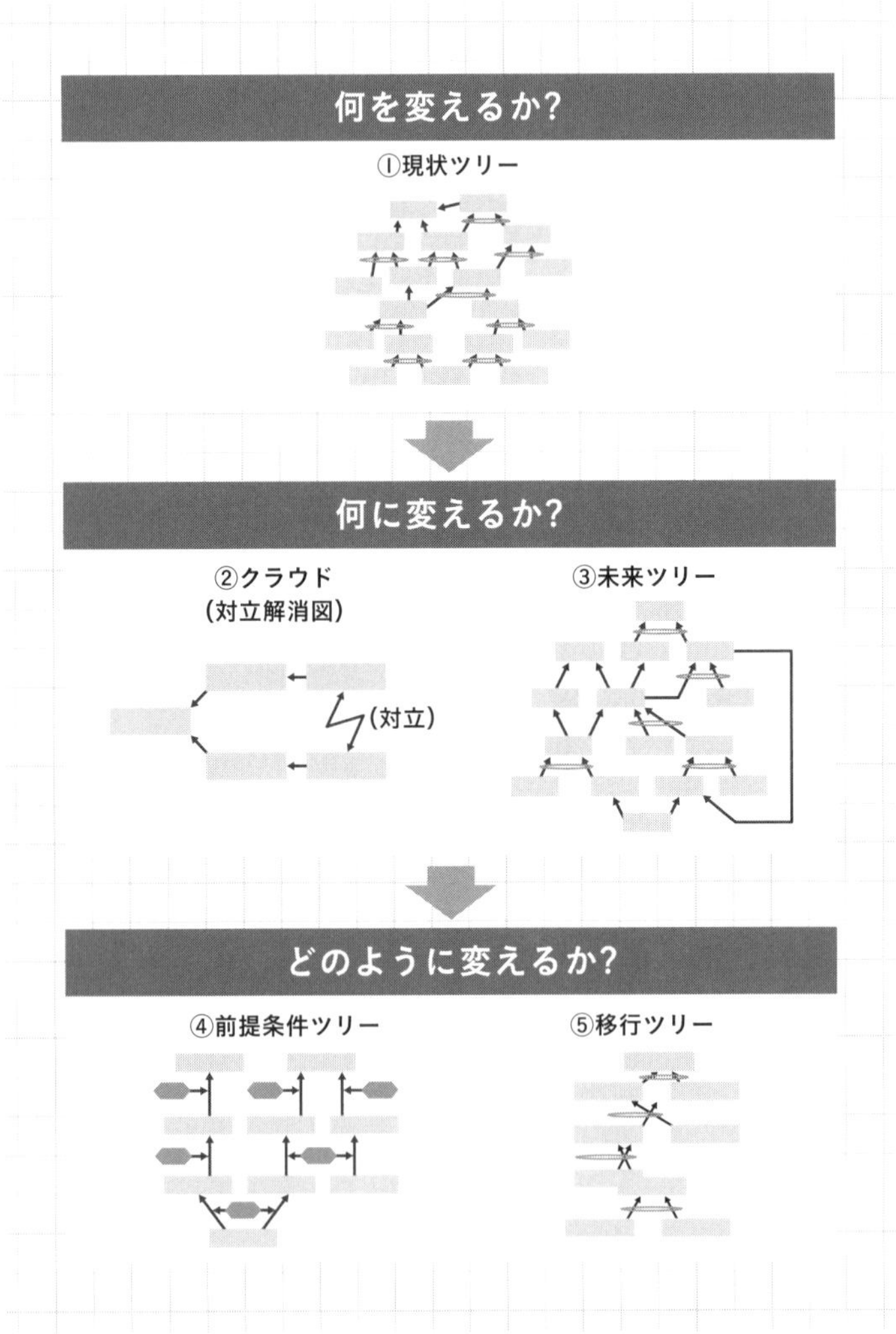
何を変えるか?
①現状ツリー
何に変えるか?
②クラウド
(対立解消図)
(対立)
③未来ツリー
どのように変えるか?
④前提条件ツリー
⑤移行ツリー

図表 25　5 つのツリー

①現状ツリー

このツリーを作成する目的は、数々の〝好ましくない事実〟を引き起こしている中核問題を見つけること、つまり**「何を変えるか？」の答えを見つけること**です。

TOC思考プロセスでは、組織の問題はPolicy（方針）、Measurement（評価）、Behavior（行動）がセットで存在し、人間の行動を規制していると考えます。Pが存在し、それに従うようにMが形づくられ、Bを支配していると考えれば、比較的簡単に問題の因果をたどることができます。

Pは組織の中で明示されている場合も、しきたりや風土といったように暗黙知の中にある場合もありますが、いずれの場合でもPMBは一連のセットで存在するので、好ましくない事実（症状：B）が確認できれば、芋づる式にPを探し出すことができるのです。

その上で、この現状ツリーは、〝好ましくない事実〟を含む事実を因果関係でつないで整理し、問題の全体構造を明らかにするフレームワークです。〝好ましくない事実〟のほとんどにつながっている根本的な原因が、変えるべき中核問題となります。このツリーによって、中核問題が明らかになるため、「階層1　問題の存在に合意しない」を突破することができるのです。

②クラウド（対立解消図）

クラウドを作成する目的は、**中核問題を解決するためのアイディアをひねり出すこと**です。

TOC思考プロセスでは、問題は「何らかの対立によって生じた結果」であると考えます。この図は、中核問題の背景にある対立構造（ジレンマ）を明らかにするフレームワークなのです。

ジレンマとは、相反する2つのことの板ばさみになって、どちらとも決めかねる状態です。私たちは根深いジレンマに遭遇すると、目前にある行為そのものの好き嫌いや善悪だけで判断したり、相手の立場を考えて妥協したりしがちです。これに対して「クラウド」は、妥協や好き嫌いではない、もっと大きな共通の目的を達成するために、まったく異なるやり方であってもよいと考え、「第3の道」を含めてさまざまな解決策を考えていきます。

その対立を解消するアイディアが、中核問題に対する解決策の指針となります。これは視点を一つ上げて全体を考えた解決方法であり、このツリーにより、解決策の方向性が明らかになるため、「階層2　ソリューションの方向性に合意しない」を突破することができます。

③未来ツリー

これを作成する目的は、**対立解消図で検討したアイディアが効果的かどうかシミュレーシ**

ョンし、そのアイディアが「何に変えるか？」の答えであるかどうか検証することです。

未来ツリーは、解決策によって本当に良い状態が実現されることを明らかにするフレームワークです。また、解決策によって生じうる副作用を洗い出し、それらに対する対策もここで検討します。中核的な問題である「方針」や「評価」を変化させたときに、多くの問題が因果関係的に変化するかを見極め、副作用が想定される場合は、あらかじめ対策を含めた変革プランをシミュレーションするツールでもあります。

このツリーにより、解決策によって問題が解決されることと、副作用に対する対策が明らかになるため、「階層3　ソリューションが問題を解決できると思わない」と「階層4　ソリューションを実行するとマイナスの影響が生じる」を突破することができるのです。

④前提条件ツリー

前提条件ツリーの作成の目的は**「解決策実行のためのロードマップ」を作成すること**です。

素晴らしい問題解決のアイディアは、時として実現不可能のレッテルを貼られ、お蔵入りになることがあります。実行に当たって、社内の人間が多くの障害について心配になり、「実現不可能」と思ってしまうことはよくあるからです。

つまり、解決策を実行するためには、さまざま障害を乗り越えなければなりません。この前提条件ツリーは、障害を克服した状態である「中間目的」と、それらをどのような順で実現していけばよいかを明らかにするフレームワークです。このツリーにより、障害を克服していくシナリオが明らかになるため、「階層5 ソリューションの実行を妨げる障害がある」を突破することができます。

⑤移行ツリー

このツリーを作成する目的は、解決策の実行計画を作成すること、つまり**「どのように変えるか?」を描いていくこと**です。

移行ツリーは、前提条件ツリーで洗い出した各中間目的を実現するためのアクションを網羅的に洗い出すフレームワークです。ここで洗い出したアクションを束ねて、解決策を実行するための計画を作成します。このツリーにより、解決策実行のためのアクションが明らかになるのです。

3

複雑さの壁に立ち向かう

「トヨタのなぜなぜ5回」と「TOC思考プロセス」は、どちらも真の問題（Root Cause）を発見して対処することで、複雑さに対応するというアプローチですが、両者は本質的に同じなのでしょうか、それとも違うのでしょうか？

実はゴールドラット博士は、基本的には同じものだと述べています。

TPSは、三現主義によるなぜなぜ分析を駆使して、「ニンベンのついた自働化」や「平準化」に代表される泥臭い改善アプローチでばらつきを減らし、「かんばん方式」を運用するというアプローチを取って、問題を減らし管理すべきポイントを削減してきました。

一方で、TOC思考プロセスは、因果関係をたどって問題の根本を見つけるツリーを用いた分析と、見つけた問題の根本を対立で表すという手法体系で構成されています。この体系を活用することで、**「要素間の因果関係」**と根本原因の裏側に潜んでいる**「人間の思い込み」**を同時に認識することを可能にし、人間が介在する複雑なシステムの問題を、一元的に認識することを可能にしました。そうすることで、物理的なフローを、ごく少数の制約（ボトルネック）とそれ以外の非制約に分けるDBRと相まって、管理すべき要素の数を劇的に減少させることを可能にしたのです。

私は、ゴールドラット博士が「トヨタのなぜなぜ5回」と「思考プロセス」が本質的に同じであると説明した背景には、「複雑なものは要素間のつながりをしっかり見極めて、根本的な問題に集中する」という大野耐一の考え方の本質を引き継ぎ、現場の問題だけでなくその裏側に存在する組織風土や方針上の問題を分析できるように進化・発展させたという自負があったのではないかと見ています。

すべての事象の根本原因は現場にあると考え、徹底した三現主義でなぜなぜを貫くトヨタ方式。スマートに事象の因果関係をたどり、根本原因の裏側に潜むコンフリクト（対立）を見つけるTOC。この2つのアプローチの本質的な違いはあるのでしょうか。私は、もしあるとすれば、**「考える」ことと「感じる」ことの違い**のように捉えています。大野耐一もゴールドラット博士も「徹底的に現実を見てその本質を探る」というスタンスに変わりはありませんが、ゴールドラット博士は考え抜くという姿勢です。彼は、著書『ザ・チョイス――複雑さに惑わされるな！』の中でこう述べています。

「明断に考えることができればできるほど、感情はどんどん深まっていく。そして、感情が深くなればなるほど、直感はさらに強くなっていく。さらに直感が強くなればなるほど、ロジックをうまく展開できる可能性は高まり、ひいては、良好な結果につながる可能性も高まっていく」

一方で、大野は徹底して現場にこだわり、「現場をわかるまで見ること」の大切さを教えていたといいます。「仕事のやり方がまずいか、何か無理があるかは、1日現場に立って見とったらわかる。だから、問題がありそうなら、現場で1時間でも2時間でも納得がいくまでじっと見続けることだ」というのが大野の教えの基本でした。

そしてもう一つ、私はゴールドラット博士が、トヨタ自動車の役員であった大野と違い、特定の現場を持たないコンサルタントであったことも、アプローチが違う一つの要因ではないかと考えています。

コンサルタントという仕事の特性上、長い年月をかけて、一歩ずつ、じっくり改善をするというやり方は、多くのクライアントに受け入れられるものではありません。できる限り簡単に、しかも素早く成果の出る方法が求められる場合が多いのです。このため、現地現物でボトルネックを認識するやり方だけではなく、ある程度、机上でシステマティックなアプローチを用いる必要があったのかもしれません。

もちろんゴールドラット博士も現地現物の考え方は理解しており、思考プロセスを実施する場合には「完全な事実」をベースに分析を実施することを教えています。

第5章

日本人の苦手な「不確実」で「あいまい」なもの

1

「あいまいさ」とは何か？

ここからは、存在そのものが確実でない「不確実性（Uncertainty）」や「あいまいさ（Ambiguity）」について考えてみましょう。実は日本人や日本企業は、ＶＵＣＡに含まれる4つの要素の中でも、この2つとの相性の悪さが抜群です。

「あいまい」好きなのに、「あいまい」が苦手

あいまいさとは、前述した通り、「内容がしっかり捉えにくく、はっきりしないこと。2通り（以上）に解せられること」であり、文字通り、大変あいまいな状態です。

日本人は何事においても「露骨な表現」を避け、あいまいな表現を使うと言われます。主語を省くことができ、述語が最後という、日本語の文法上の性質であいまいに聞こえる場合もあります。さらに、言葉の意味だけでなく空気を読んで、自分の感情をあいまいにしてしまうことも少なくありません。他人とのコミュニケーションでも、あえてあいまいな表現を使ったり、前後の文脈や表現を通じて相手に「真意を推察させる」表現を好んだりするのも日本人の特徴とも言われます。

確かに、そうしたあいまいさ、遠回しな言い方は、「日本的なやさしさ、美しさ」なのだという指摘もあります。ただ、いずれにしてもあいまいさは、ものづくりやオペレーション・マネジメントの世界では禁物だと考えてください。

事実、今日の我々が一番手こずっているのが、「不確実」で「あいまい」な事象です。ここまで見てきたように、現状で我々が上手に取り扱えるのは、誰もが納得できる「現実に見えている事象」です。ここまでならば問題が多少複雑に絡み合っていても、多少ばらつきがあっても、かなり上手に取り扱うことができます。しかし、不確実性が高まり、あいまいさが高まっていくと、のちほど説明する認知バイアスも手伝って、徐々にうまく取り扱えない領域になっていくのです。

たとえば、営業の案件受注の確率や、基礎研究段階の実験の成否など、完全に失敗して全滅する可能性も想定できる事象では、どれだけ大きな安全余裕（バッファ）を設定しても「絶対に確実」という点には到達しません。

そもそも、これらは「ばらつき」とは違って「リスク」ですから、時間でリスクを評価することはできないのです。

つまり、これまで検討してきた、統計的ばらつきとは違う、過去の経験や知見が通用しない、極めて気まぐれで「不確実」な事象が存在し、バッファやかんばんというメカニズムだけではカバーできない、「あいまい」な領域が存在するということなのです〈図表26〉。

ゴールドラット博士は、現実に不確実なこ

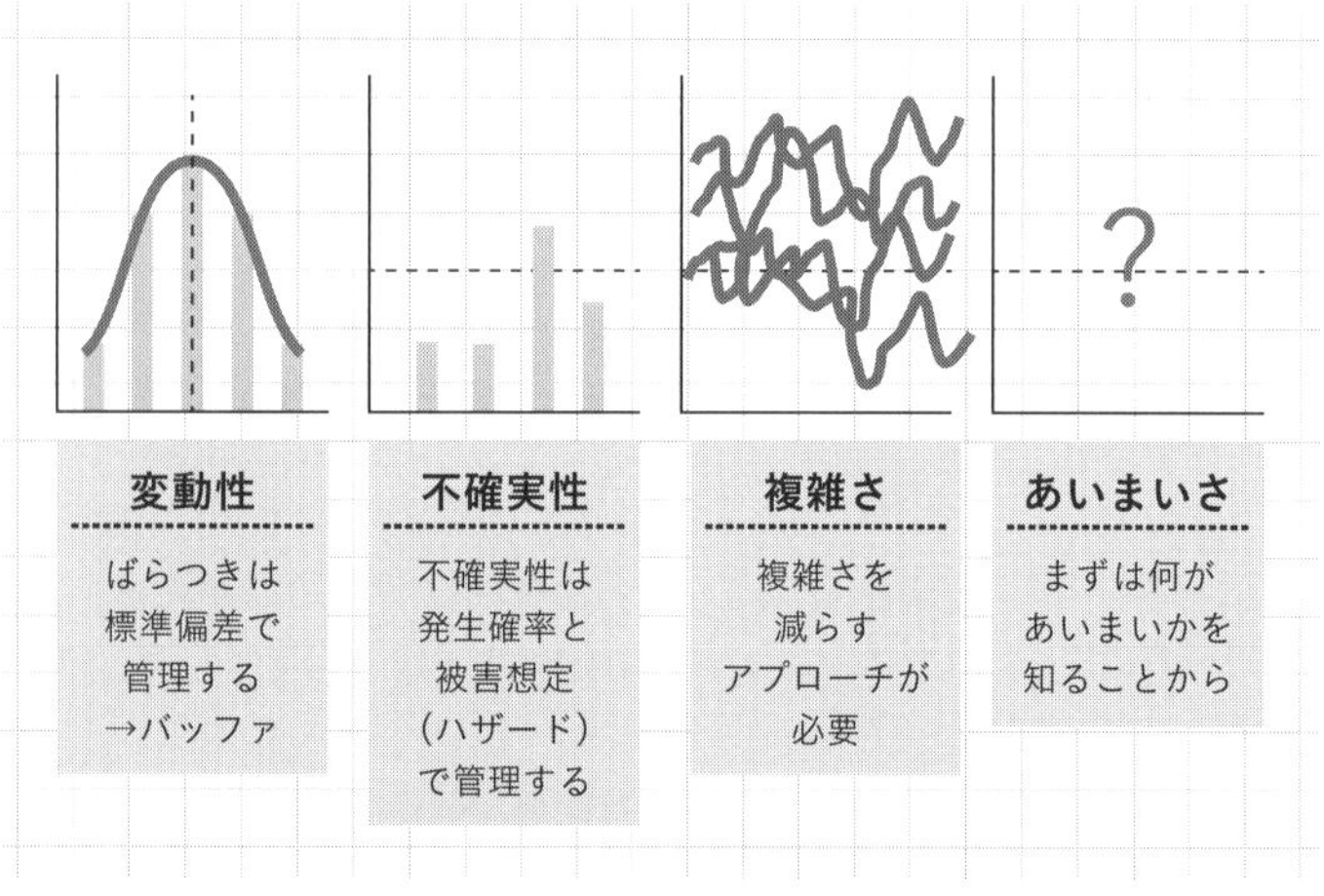

?
変動性
ばらつきは
標準偏差で
管理する
→バッファ
不確実性
不確実性は
発生確率と
被害想定
(ハザード)
で管理する
複雑さ
複雑さを
減らす
アプローチが
必要
あいまいさ
まずは何が
あいまいかを
知ることから

図表 26　V・U・C・A それぞれの扱い方（再掲）

とに遭遇すると、人や組織はその不確実性を恐れるがあまり、「当たりもしない厳密な予測」に従ってオペレーションをしてしまい、在庫増大やパフォーマンスの低下を引き起こしていると指摘します。もちろんこれは最悪のやり方で、「予測は当たらない」と捉えるのが正解です。この場合には、オペレーション・マネジメントを磨き上げ、短いリードタイムで供給できるようにしてやれば、未来のことを予測する必要はなくなり、現実に起きたことに対応すれば、不確実さは格段に低下するはずです。

フォードもトヨタもＴＯＣも、基本的に、**目に見えている現実（カレントリアリティ）**をオペレーションの対象にしています。ここまで説明してきたオペレーションの方法論も、今（現在の実態）をどうするかの手法で、目の前の悩ましい現実の問題に「変化」を起こすやり方であると考えてよいでしょう。

しかし今日、我々を取り巻く環境は、不確実さがさらに増していると同時に、「勝つためのレベルアップ」が求められています。「負けない」「追いつけ」レベルではなく、グローバルレベルで勝ち残っていくために、イノベーション（革新）が求められているのです。

今日、環境は「不安定」の範囲を超え、「不確実・未知」の領域に踏み込んでいます。そもそも未来は不確実。どんなに「今」を固めてみたところで、「明日」はわかりません。一寸先は闇なのです。
何度もお話ししてきたように、「複雑」と「不確実」「未知」は別の種類の問題です。

コラム 企業の3つのレベル

今日、私たちは熾烈な企業間競争を勝ち抜き、現在から将来にわたって栄え続ける企業をつくらなければなりません。そのためには「当たり前／追いつけ」レベルや、「競争優位／勝つ」レベルではまったく不十分で、「ダントツ／勝ち続ける」レベルに到達することが求められます。ここでは、これら企業の3つのレベルと、取るべきイノベーションの方向性について考えてみます。

①「当たり前／追いつけ」レベル

落ちこぼれにならないために、平均レベルに伍して生き残らなければいけない状態。ライバル企業と比較して追いつくべき問題（ポイント）が明らかなので、なぜその問題が起こったのか道筋を明らかにし、解決策は定石通りステップ的に展開すれば比較的良い結果が得られます。企業内にある問題や課題は目に見えて「顕在化」しているため、「帰納的」に原因を追究し解決していく（現在の問題を過去に遡って分析し、解く）アプローチを中心に実施することになるのです。しかしこのアプローチは、言うなれば「リバースエンジニアリング」であり、これだけを行ってもライバルとの競争に勝ち抜くことは到底できません。

②「競争優位／勝つ」レベル

このレベルでは、目に見える（顕在化した）問題の多くは改善されています。したがってトップレベルとの格差を縮め、競争優位をつくり出すために、ライバルに先駆けて先進的な課題を創出する必要があります。現状をベースに、どのような姿をつくり出すのか、「演繹的」なアプローチを取ることにポイントがあります。過去の経験がまったく役立たないわけではありませんが、あるべき姿をデザインし、正しいゴールを設定する（未来への課題を仮説検証のサイクルを素早く回して解決する）ことが求められるのです。

③「ダントツ／勝ち続ける」レベル

「栄え続ける企業を創造する」――このレベルでは、真似できるお手本は存在しません。「未知」からスタートし、帰納でも演繹でもない、新たな何かを「創造」することが求められるのです。事象の本質を見極め、根本概念を自社の仮定に当てはめて変換（Analogy）するプ

リバースエンジニアリング　他社のハードウェアやソフトウェアについて、実際の製品を分解したり解析したりすることで、その動作原理や設計、構成部品や製造技術、仕様やソースコードなどを明らかにすること。

ロセスが重要になります。これは、前述の論文「巨人の肩の上に立って」の中で書かれていた通り、大野耐一およびゴールドラット博士らの取ったアプローチそのものであり、本質を見極めて抽象化されたものを自らの環境に変換し、新たな創造を行うということになります。

どうでしょうか、企業が「今」だけに安住していることだけではいけないことがおわかりいただけたでしょうか。

ダントツレベルへの到達は、「人」「組織（人たち）」「仕組み（システム）」のそれぞれを、正しく「過去」「現在」「未来」の時間軸に応じて取り扱っていくことが求められます。だからこそ、「現在から将来にわたって栄え続ける組織をつくる」ためには、第7章で詳述する「ダイナミック・フロー・マネジメント」のアプローチが必須だと考えられるのです。

「あいまい」と「抽象」の違い

「あいまいさ」と「抽象度」はまったく別の物です。あいまいであるというのは、前述の通り、一つの文章が複数の違う意味に読めてしまう内容であったり、何を言っているのかわからなかったりという状態です。抽象度が高いというのは、わかりにくいこととはまったく違います。抽象度とは、「その言葉が、多くの具体的な意味合いを包含したものかどうか」についての度合いということです。

たとえば、「ほ乳類」と言えば、人間だけでなく、ヤギ、ウシ、ヒツジ、サルなど、多くの具体的な「ほ乳類に属する動物」を表します。また「偶数」といえば、2、4、6、8、108、392……とすべての偶数を包含します。

つまり、抽象的な表現を正しく使えば、単なる具体例以上に〝厳密〟に物事を言い表すことができるのです。具体例をいくら挙げても、それだけでは概念そのものを明確に説明することはできません。一方、抽象化とは、もともと概念そのものを説明するための方法で、物事を抽象的に言い表そうとすると、解釈の幅のあるあいまいな言葉を使いがちになりますが、それがまさに「**あいまいさの壁**」なのです。

抽象度が高くなると、解釈の自由度が高くなり、あいまいさと紙一重の表現になってしまうことがあります。そこで重要なのは「抽象」と「具体」をセットで考えることです。

要するに、抽象的な表現を聞いたら、必ず実行可能なレベルにまで具体化して確認する必要があるのです。

2

「三現主義」の真意──不確実をどうマネジメントするか

三現主義とは、前述の通り、現場・現物・現実の3つの〝現〟を大事にする考え方であり、大野耐一は必ず現場に足を運び、必ず現物を手に取り、現実を自分の目で見て確認して考えなさいと教えています。まさに、あいまいさを排する基本的な姿勢です。

この三現主義、実際に現場や現物を見た人と見ない人とでは、現実の受け止め方がまったく違うのは当然ですが、現場で現物を見ても、現実の受け止め方が違う場合があります。現実がちゃんと見える人と、目は開いていても何も見えていない人がいるということです。

第3章の4でゴールドラット博士の論文について紹介した通り、現実の上に抽象化された概念があります。この「抽象化された概念」がくせ者で、同じ概念であっても、現実にはA

の格好をしていたり、Bの格好をしていたり、また同じAの格好に見えても別のものであったりします。したがって、まず**目に見えている現実のみに拘泥しない姿勢が大切**なのです。次に、目を開けてよく現実を見ながらも、現状にこだわりすぎず、本質を考える姿勢も重要です。また、時と場合によっては「柔軟な発想を大切にしながら現実的に処理すること」も求められる場合があるのです。

三現主義という言葉の意味は、現状を正しく「動的」に捉え、移り変わる現実に合わせて、現実的に処理することだということを忘れてはなりません。その意味で、私たちが最も気を付けなければならないのは、先ほども少し触れた「あいまいさの壁」です。あいまいさの壁とは、成功や失敗の定義がはっきりせず、どうやって成功にたどり着くのかが定義されていない状態に陥ることを言います。

ただ、実はあいまいさは、具体的な知識や他人の経験を借りることによって引き下げることができます。ですから、できるだけ速く安く、たくさんの経験と失敗を積み重ねて知識を得ることが必要なのです。速い学習サイクルを使って失敗を積み重ね、絞り込むことや、知っている人に聞いて人の経験を借りることが特効薬になります。

三現主義のその後――LAMDAサイクル

トヨタグループの中で、大野耐一の弟子たちは、三現主義の考え方を徹底活用しつつ進化させていきました。その一つが「製品開発分野」への三現主義の適用です。そのアプローチは、ミシガン大学機械工学科の助教授であったアレン・ウォード博士らによって研究され、「**リーン開発**」として普及がなされています。

ウォード博士の分析によれば、トヨタや系列部品メーカーのPDCAのやり方は、一般的な企業とは非常に異なるといいます。一般的な企業では、PよりDの割合がはるかに大きいのに対して、トヨタにおけるPDCAは、図表27の右側のようにPが半分以上を占めてDはほんの少しで、CとAにも時間が割かれる。つまり欧米のPDCAとはPの段階にじっくり検討することなく、ちょっと検討しただけでいきなり解決策に飛びつきDの実行段階ばかりに集中するのでした。

LAMDAサイクルとは、図表28に示すように、トヨタが実践しているようなPDCAを多くの会社で可能にすることを狙って、PとCをそれぞれ4つに分割して、細かく何をすべ

リーン開発　トヨタの製品開発方式を基にアレン・ウォード博士が体系化した手法。リーン開発および後述の「セットベース・エンジニアリング」「ポイントベース・エンジニアリング」の詳細に関しては、稲垣公夫『開発戦略は「意思決定」を遅らせろ！』を参照。

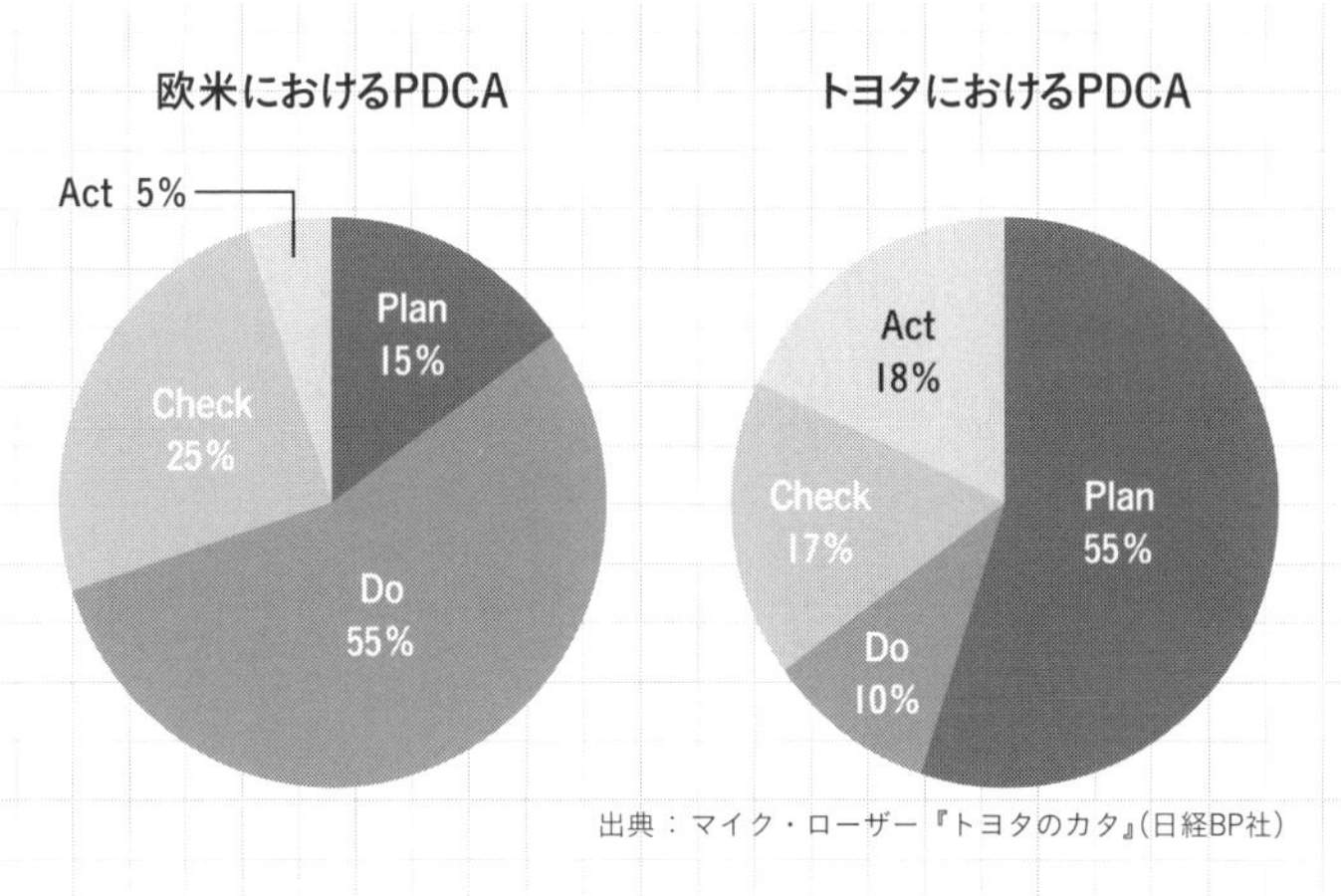

出典：マイク・ローザー『トヨタのカタ』(日経BP社)

図表 27　欧米とトヨタの PDCA の違い

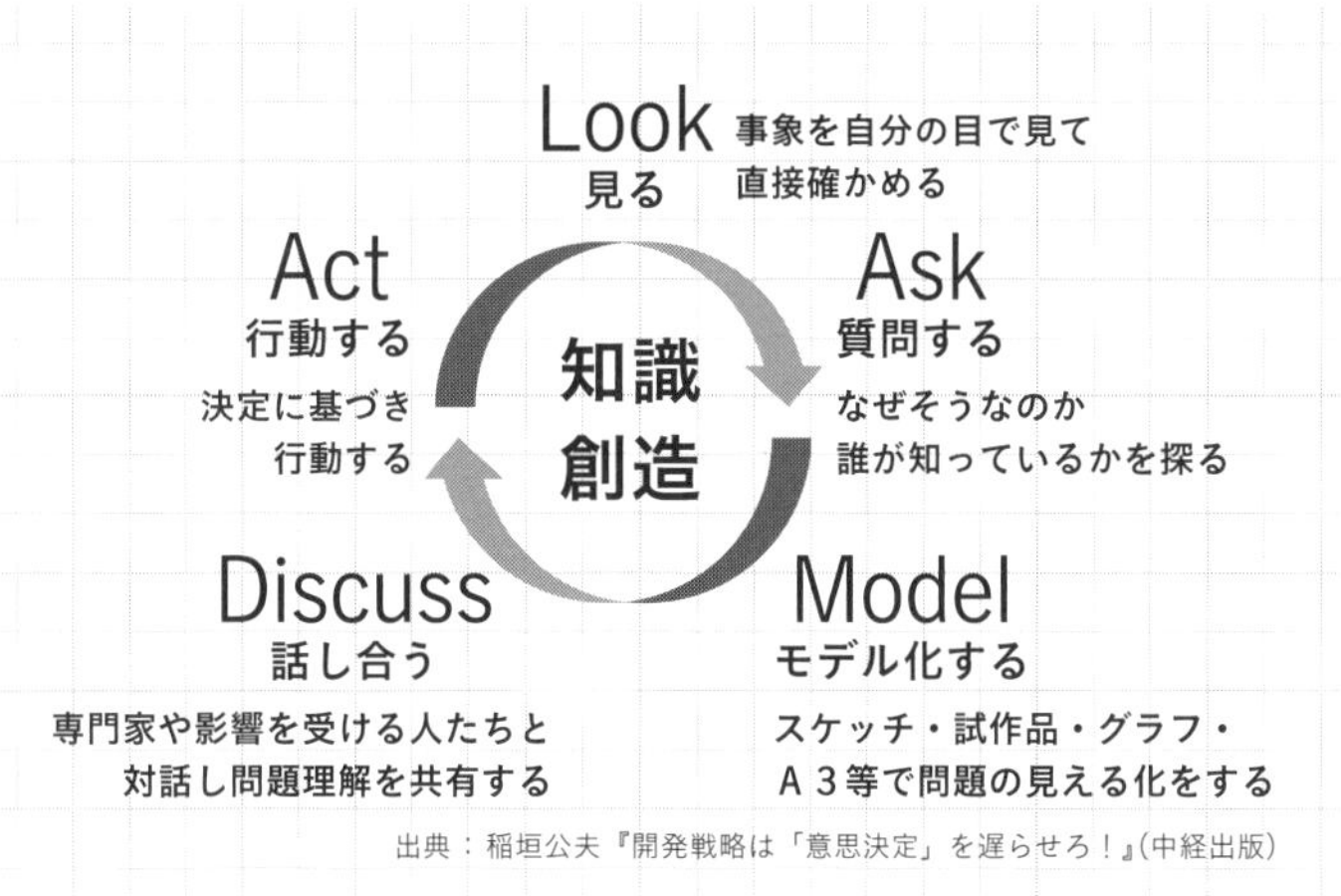

図表 28　LAMDA の各ステップ

きかをパターン化したものです。具体的には、PD段階で1回LAMDAサイクルを回し、CA段階でもう1回LAMDAサイクルを回すという流れを特徴としています。

　LAMDAの最初のステップであるLook（見る）とは、自分で現場に出向いて、自分の目で実際の製品や試作品や問題の発生具合を観察するということです。これは、まさに三現主義で、会議室での想定や、誰かのレポートではなく、**自分自身の五感を使って現場で現実に接すること**が基本になります。もちろん、写真やデータ収集、インタビューなどあらゆる方法で情報を集めることも含まれます。

　2番目のAsk（質問する）というステップは、「これに関して知見があるのは誰か」「この根本原因は何か」と問いかけることです。

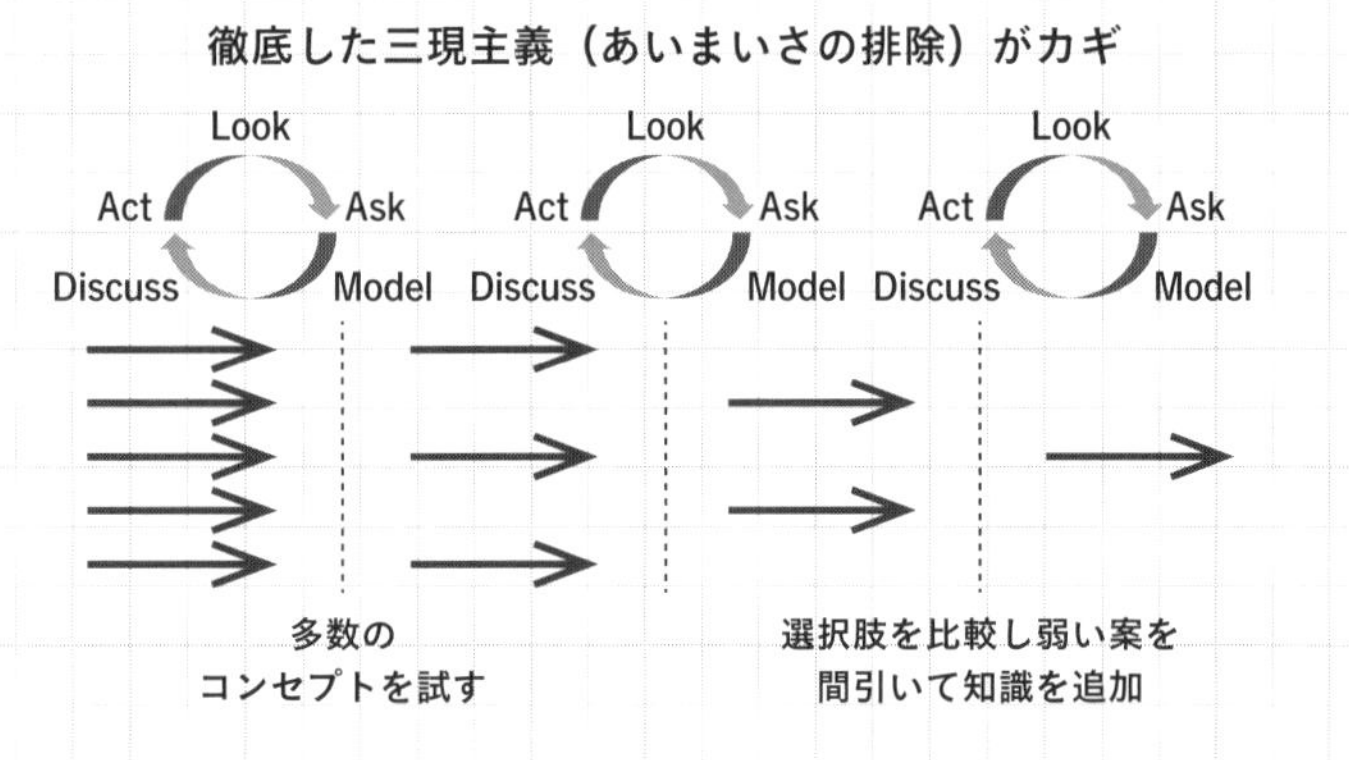

出典：稲垣公夫『開発戦略は「意思決定」を遅らせろ！』(中経出版)

図表29　LAMDAサイクルを回す

これに関して知っているのは誰かというのは、「過去に蓄積された再利用可能な知識がどこにあるのか」「この問題に関して詳しい専門家がどこにいるのか」を考えることです。問題解決で重要なことは、過去に誰かがこの問題をすでに解決していたら、同じ問題を再度解決することはムダなため、利用できる知識は徹底活用するということ。蓄積された知識がないことがわかれば、初めて「この問題の根本原因は何か」と考えることになります。

3つ目のModel（モデル化する）というステップは、前のAsk段階で頭の中に得られたメンタルモデルを視覚化して「見える化」することです。手書きの図でも、粘土のクレイモデルでも、まず「目に見えるカタチにすること」が重要なのです。

4つ目のDiscuss（話し合う）というステップは、前のModelステップで得られた問題を、視覚的にわかるようにした「見える化モデル」を持って関係者と話し合います。関係者とは、意思決定者や（たとえば上司）、対策によって影響を受ける人（他のサブシステムの設計者や生産技術者）、この問題に対して深い知識を持っている専門家といった人々になります。こうしてさまざまな視点の人々が集まって話し合うことで、問題に対する最善の対策を選んで計画することで、関係者の理解を事前に得ることができるのです。

最後のAct（行動する）というステップでは、いきなり行動するのではなく、まず前のフェーズで決定したプランに基づいて、しっかりとした計画を立ててから行動を始めることが重要です。

「リーン開発」——不確実性への解

そして、この考え方を発展させたのが「リーン開発」です。

不確実性が高い事象は、そのままでは取り扱いにくい。だからLAMDAサイクルによるトライアンドエラーを素早いサイクルで回し、高速で仮説検証する。その上である程度、確からしさが高まった段階で、実行計画を作成してフロー・ソリューションを適用し、「流れ(フロー)」を最速にコントロールするというものです。

この手法は、LAMDAサイクルとフロー・ソリューションを組み合わせることによって、特性の違う不確実性を最適にコントロールでき、結果的に最短の流れをつくるという考え方に基づいているのです。これは大野の教え——「徹底して三現主義を現実的に使う」に忠実なものです。

具体的に製品開発を例に考えてみましょう。

これまでの製品開発のやり方では、まず製品仕様を定め、最終のアウトプットを決定して進めることが一般的でした。これは派生開発のように既存機種との違いが少なく、既知の知識だけで開発できる場合には、問題なく適用できます。しかし、新しく開発すべき要素が多く、知識ギャップが大きい場合には、想定外の問題や課題が多発し、開発の初期段階に戻ってしまったりします。

要するに、現在の製品開発は、「未知」という不確実性に起因する大きなリスクを抱えており、このような状態でTOCなどのフロー・ソリューションを適用しても、第6章・第7章で解説するフルキットやバッファ管理だけでは十分にカバーできず、当初の計画が破綻してしまったりするのです（「未知」そのものについては、次項で詳述）。

これに対してリーン開発では、前述したように不確実さの度合いに応じて製品開発段階を2つに分けて、初期の不確実性が大きい段階を「**セットベース段階**」と呼んでいます。

次ページ図表30のように、開発の初期段階で知識ギャップが大きく不確実性が高い状態では、開発を進める中で多くの知識を短時間（短サイクル）で得ながら進めることにポイントを置きます。つまり日程を守ることを主眼とせず、「**不確実性（知識ギャップ）**」と上手に付き合いながら、不確実を確実（ナレッジ）に変え、実現可能性を高めることに集中します。

そして開発の後半段階になり、知識ギャップが埋まって不確実さの種類が「ばらつき」に

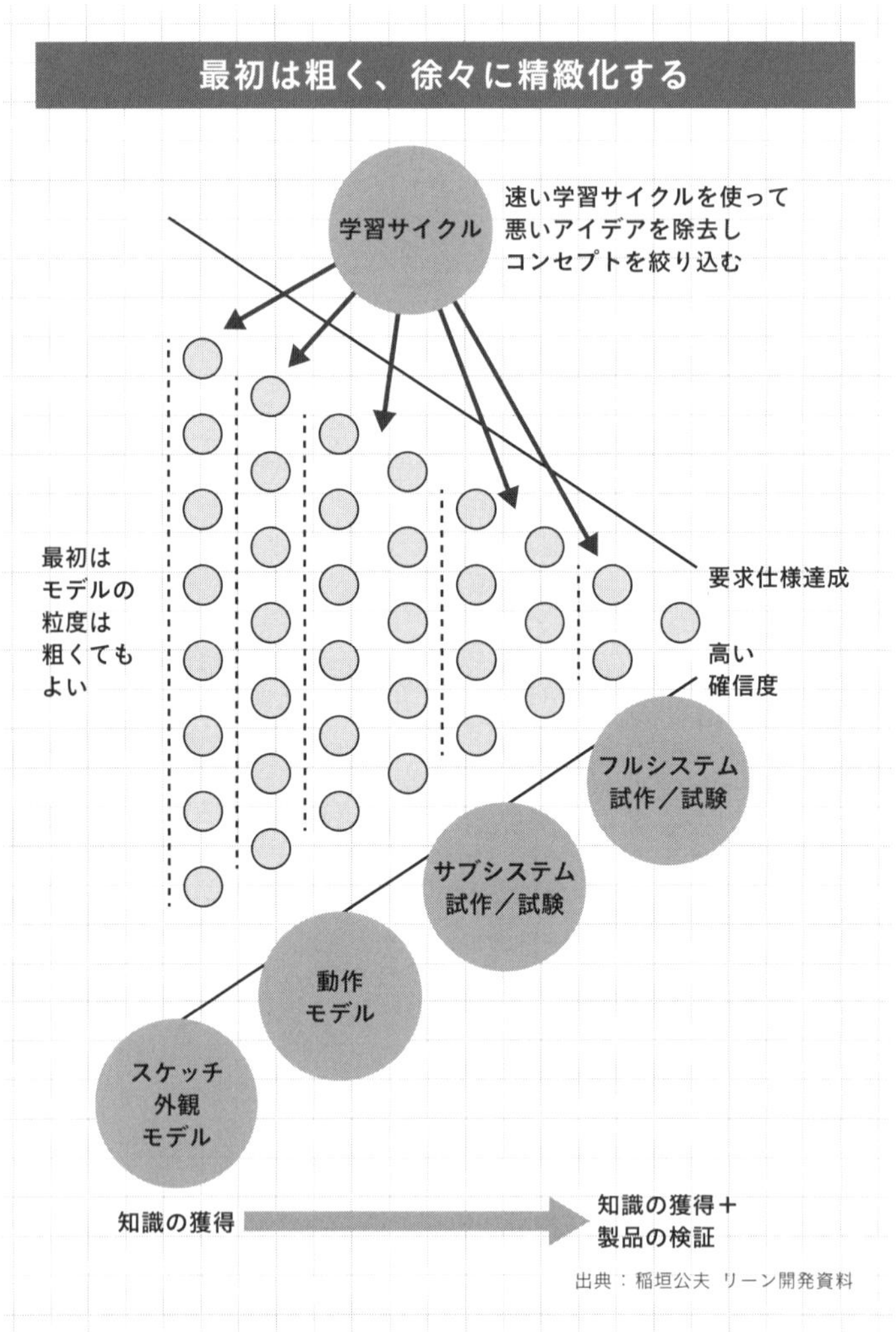

図表30　開発フェーズとプロトタイプの種類

変わったら「詳細設計段階」としてバッファ管理を活用したスケジューリングを行っていくのです。

リーン開発の考え方をTOC的に表現すれば、最短の日程で進めるためのボトルネック(制約)を「知識ギャップ」と捉えるのです。また、変えるべきは、これまでの考え方、すなわち不確実性があっても、納期を守るために「決め打ち」的なやり方(ポイントベース)をするという考え方なのです。そして、目指すべきは、知恵をもって不確実性を減じ、より短期間で新たなものをつくり上げる(セットベース)という物事の考え方です。

このリーン開発での前提条件の変化は、制約が物理的なものから「知識ギャップ」という「あいまいな」ものに移っていったという捉え方になります。ゴールドラット博士が開発したTOCの原点は、プラグマティック(実利的)な物事の考え方です。最初から理想論を追求するのではなく、「変動があってもフローが乱されないためにどうするか」というように「制約を前提にした最適な方法」を考えます。

ですから、変化する環境の中で、仮定が大幅に(仮定が適用できないレベルに)変わって制約が変化すれば、その取り扱い方法が変わるのは自明のことであり、もしも制約の変化を無視すれば、TOCといえども「使えない」ものに変質してしまうことは明らかなのです。

3
未知への対応はイノベーションのカギ

さらに不確実性が高まる場合を考えてみましょう。このような状態を「未知（Ignorance）」と呼ぶことにします。未知なる状態では、リスクがあるかどうかさえ不明、もしくはどんな種類の問題なのか、どのような要因や条件が関係しているのかもわからず、問題の立て方（フレーミング）も定まりません。こうなると、やみくもに仮説検証を繰り返したとしても、正解にたどり着ける確率は決して高くありません。

要するに、広大な太平洋で一匹の魚を探したり、干し草の山の中でたった一本の針を探すようなもので、やみくもな努力は良い結果をもたらしません。未知に対応するためには、まったく違うやり方、すなわちイノベーション（革新）が求められるのです。

では、イノベーションを生み出すためには何が必要なのでしょうか。イノベーションを生み出す創造的な発想は、決して一瞬の閃きのようなものではなく、まず**「物事の本質」を見抜く**ということがポイントとなります。ゴールドラット博士の論文でいえば「根本的な概念（Basic Concept）」がこれにあたります。そして次はその本質を解決する（取り扱う）ために、直接関係のない異業種や他人からアイディアを借りて、特定の環境に変換し、適用することが求められるのです。

ゴールドラット博士が、ヘンリー・フォードと大野耐一が構築した仕組みを分析して、環境変化に合わせてTOCを開発したことは紹介しましたが、これがイノベーションの本質、「アナロジー（Analogy）」なのです。「アナロジー」という単語を辞書で引くと、「類推・類比」と訳されていますが、要は「たとえ話で理解する」「AとBとの間で似た構造を見つけ、Aのアイディアを借りてきてBに応用する」ということになります。

すなわち、「創造」の本質とは、何もないところから斬新なアイディアを考え出すことではなく、「他の領域からアイディアを借りてくる」ことがポイントなのです。「アイディアを借りてくる」というと、何となく「模倣する」とか「パクる」というように、ネガティブに捉えられがちですが、ここまで述べてきたように、大野耐一やゴールドラット博士といった天才であっても、ほかの領域からアイディアを借りてきて、それを組み合わせることで発想しているというのが事実なのです。

ＴＰＳを開発した大野は、「必要なときに必要なだけ供給する」という本質をスーパーマーケットの商品補充方式に学んで、ジャストインタイム方式に借用しましたが、実際のビジネスの場では、こうした「本質」を抽出し、アナロジー思考で発想を具体化するという作業が極めて重要です。

しかし、注意すべきことが一つ。このアナロジー思考は、決して未来を予想・予測しているわけではありません。アナロジー思考とは、今この瞬間に私たちが実現したいこと、ニーズをしっかりと把握した上で、その抽象度を高め、本質からヒントを得るものなのです。

その意味では、抽象度を上げたり下げたりという操作はあるとしても、あくまで**「今」を起点に現実に学ぶという三現主義の精神は貫かれている**のだと考えられます。

4

「不確実」なのは人間だから

ゴールドラット博士は制約（Constraint）という概念を次々に拡張し、組織の中で「仕組み」や「方針」といった「人間行動」によって生じる制約がシステムの利益を制限していると主張し、組織の方針や戦略・企業文化をも「制約を生み出す根本原因（Root Cause）」と捉えて改革対象としてきました。一方で、トヨタは人間性尊重――人間の考える能力を徹底的に重視し活用します。しかし、「人間はばらつきの塊である」とも言われます、ここからは、もう一つの不確実の要因である「人間」を考えていきましょう。

人間は本質的に「善良」であったとしても、常に善良さに根ざした行動が取れる人は決して多くありません。他人の言動や集団のしきたりに引きずられ、こうすべきだと思った通りに体が動かなかったりする経験は誰にでもあるものです。こう考えると、フローを良くしていくための改革や改善とは、人間がどのような場面でどんな行動を取るかという、人間の「きまぐれさ」という非論理な事象を扱うことも含まれます。私は、人間の「きまぐれさ」とは、もう一つの「不確実」であり、これに答えることがもう一つの大きなテーマだと考えています。

最近の脳科学の発達で、人間の脳は簡単に「エラー」を起こすことが報告されています、あいまいで不確実な事象に対して、人間はバイアスがかかりやすいことが知られています。こういった脳のエラーや認知バイアスなど、人間の生き物としての特性、いわゆる「本能」をどう考慮するかが、ＶＵＣＡと向き合うためのもう一つの大きな問題なのです。

エラーを起こす脳（認知バイアス）

私たちホモサピエンスは、今から約20万年ほど前に東アフリカでその原型が出現したと言われています。私たちの祖先にとって何よりも大切だったのは、「深く考えて行動する」ことよりも、「速く反応する」というサバンナで生き残っていくための方法論でした。天敵に捕食されないためには、考える前に逃げ出すという素早さが必要ですし、安全を確保するためには新しい場所や事柄に気軽にチャレンジするのではなく、慣れた手順を逸脱しない慎重さも必要でした。

さらに、限られた食料で暮らすためには、エネルギーの浪費を避けなければなりません。特にエネルギー消費が著しい脳は、常に回転することなく、何かあったときだけ働くようにイベント駆動型の特性を持っていたのだと言われます。その後、人間が社会的・文化的な生き物に変わっていく進化の課程に伴って、求められる脳の働きも変わりましたが、我々の根本的な脳の構造は、いまだにサバンナ時代に獲得した古い特性を引きずっているのです。

皆さんは「認知バイアス」という言葉をお聞きになったことがあると思います。認知バイアスとは、ある対象に対して自分の利害や希望に沿った方向に考えが歪められたり、対象の目立ちやすい特徴に引きずられて評価が歪められたりするという脳の特性です。この認知バイアスに引きずられると、直感や先入観（思い込み）、恐怖心や願望が論理的な思考を妨げてしまい、合理的な思考を妨げるのだと言います。

先ほども述べたように、我々人間の脳は、「ホモサピエンス」としてアフリカの草原での生活に対応するように進化しました。いつ猛獣に遭遇するかわからない危険な環境に対応するため、人間の脳は、危険を察知したら深く考えるよりも瞬時に直感に基づき反応するようになりました。なぜなら猛獣を見たときに「あれは何だろう。ライオンかもしれないな。それなら逃げないといけないな。右に逃げるべきか、後ろか、それとも斜め前か……どうしよう」などと考えていたのでは、猛獣の餌食にされて子孫を残せず、淘汰されていたに違いないからです。

その特徴をまとめてみると、次のようなことが言えます。

- 深く考えずに、速く反応する（問題＝即対策というような条件反射）
- エネルギー浪費を避けるためにイベントに反応する（行き当たりばったり）
- 安全を優先し、決められた手順から逸脱しない（変化を嫌う）

まさに「環境に適応できたものが生き残る」というダーウィンの進化論の世界です。しかしこの「進化論的な進化」が、現代人が対応しなければならない「複雑な問題の解決」を妨げているのです。

その後、人間は、サバンナを駆けめぐる生活から、農耕を行って社会を形成する生活へと変化したことで、社会的な要請に対応したり自己実現の欲求を現実化させたりといった「考える」という能力が必要とされました。

しかし、役割が変化しても、脳の構造は劇的に変化することはありません。生理学的に考えると、脳幹から出された指令は本能を司る脳の内側を通って外側の新しい脳に伝達され、本能的な反応を司る脳の内側部分が、知性的な反応を司る外側部分より優先されるのだと考えられています。

ですから、古い脳で新しい役割をこなす現代人は、次のような「認知バイアス」という、脳の仕様バグともいうべき特徴を引きずっています。

- 感情が先導してバイアスや思い込みに直感的に頼り、理屈は後付けになる（感情主導）
- 過去の経験則に縛られた「知的ショートカット」に影響される（ヒューリスティックス）
- 万事に「説明」を欲するために、何もないところにでもパターンを見出したがる（無知への恐怖）
- 何事に対しても自分が信じる事実を重視し、信じないものを軽視するため、反証が出ても、信じていることにしがみつこうとする（確証バイアス）

このようなバグによって、私たちが「理性や論理」で判断していると思っていることが、実

ヒューリスティックス　heuristics。「発見的方法」などと訳され、心理学においては、判断や意思決定の際に、短時間である程度の確率で正解に近い答えを求めるための簡便な手法を指す。また、この手法を使うことによって生まれる認識上の偏りを「認知バイアス」と呼ぶ。

は自分の本能的な感情によってバイアスがかかったり、もっともらしい理屈は感情的判断を正当化するために後から考えられるものだったりするのです。

特に不確実な状況下で、この認知バイアスに引きずられると、直感や先入観（思い込み）、恐怖心や願望が論理的な思考・合理的な行動を妨げます。それによって生産性も低下するでしょう〈図表31〉。皆さんは「そんなことはない」と感じるかもしれませんが、世界各地で行われた心理学実験では、先進国・新興国、教育レベルや信仰にかかわらず、誰にでも見られる傾向であることが実証されており、人間の脳の共通的な特徴であると考えたほうがよさそうです。

人や組織を望ましい方向に動かすことは容易ではなく、人を動かすことは昔から経営の大きな関心事です。人が集まって「組織」となることで、その特性はどう変わるか、どう認知バイアスを取り扱えばいいのかを知らなければなりません。

人間は「よき存在」か、それとも……

認知バイアスに引きずられると、論理的な思考が妨げられてしまうということは、つまり多くの場合、人間の知性は本能に負けるということです。

脳科学的に言えば、人間の古い脳では、本能を欲求が支配しています。しかし、一方で新しい脳は、その欲求を抑えるための「知性」が存在しています。しかしこの知性、反射的な本能よりも「反応」が遅いため、うまく仕事をさせるためには、ちょっとしたコツが必要です。

本能的な反射を抑え、知性を使うためには、言葉を用いて考えなければなりません。でも本能は「考える」前に、視覚や聴覚という「刺激に反応」し、簡単にエラーを起こしてしまうので、エラーを避ける方策を考えなければなりません。簡単に言えば、「知性」を引き出すためには、認知バイアスを逆手にとって、新しい脳を使うアクション（方策）が必要な

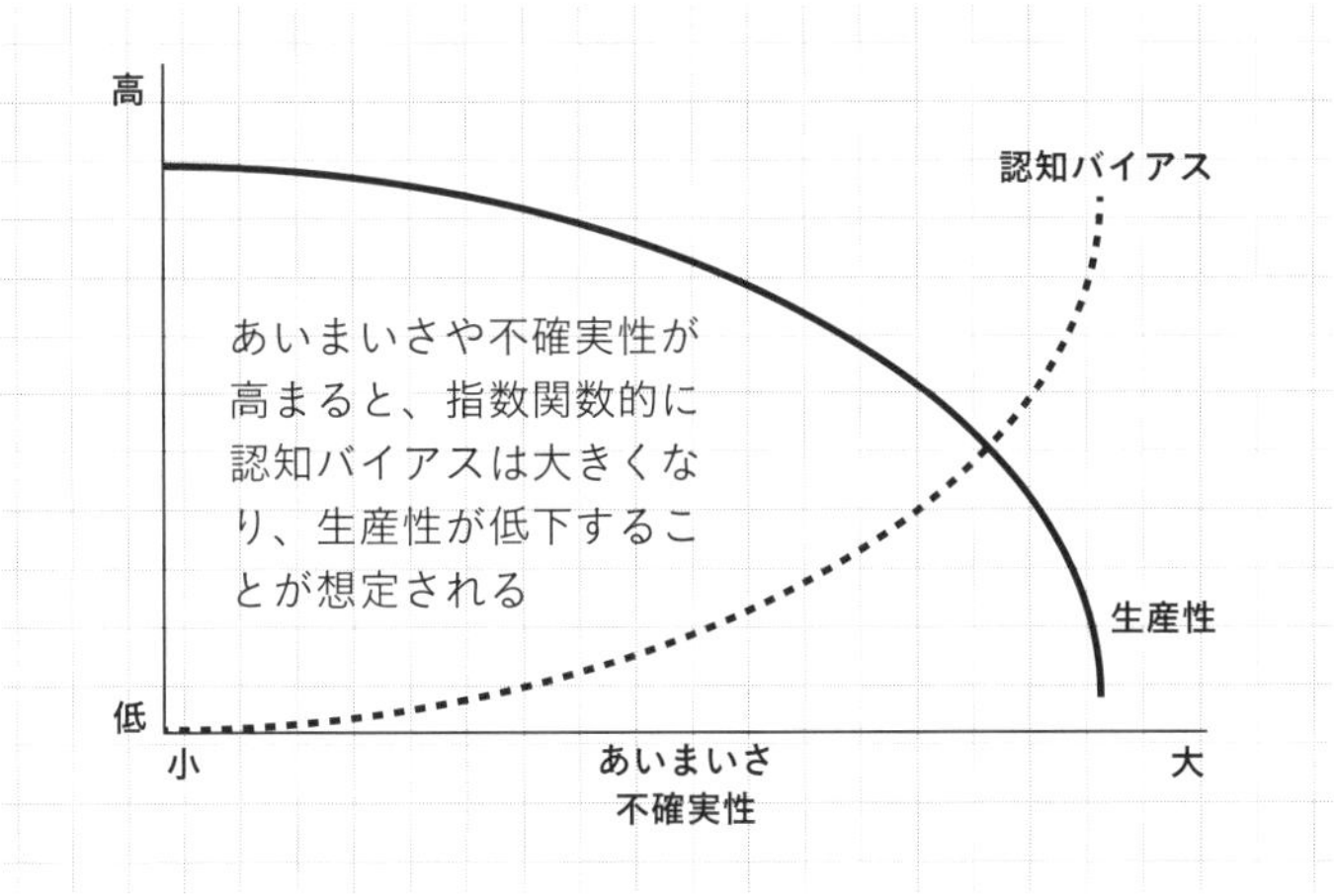
高
低
認知バイアス
あいまいさや不確実性が高まると、指数関数的に認知バイアスは大きくなり、生産性が低下することが想定される
生産性
小
あいまいさ
不確実性
大

図表 31　あいまいさ・不確実性と認知バイアス・生産性の関係

のです。

ゴールドラット博士は、複雑な人間の問題解決に「自然科学」の考え方を持ち込みTOCを開発しました。その主張のポイントは、複雑に見えるさまざまな事象も、数少ない「制約（本質的な原因）」から因果関係的に引き起こされる。だから制約に集中して対処すれば本質的に問題を解決できるということでした。しかし、人間の内的な認知バイアスで起きる「脳エラー」は明らかに存在し、改革を妨げる制約となっています。

すでに述べたように、ゴールドラット博士は、人間が変化に対して抵抗する6つの段階を定義し、一段階ずつ克服することで人間は改革を受け入れるのだと教えています。しかし、博士は個別の人間と人間が集まって「組織」や「チーム」となった場合の特性の違いについては言及していません。

私は、集団の「和」を重要視する社会背景を持つ我が国の場合、**「個と組織の認知バイアスの発現の違い」**を考慮することは極めて重要だと考えます。

一般的に指摘されることですが、欧米社会では神との〝契約〟が生活の基盤となっています。会社や組織も同様で、定められた契約（ルール）に基づいて日々の仕事が行われ、誰に責任があって、誰が何をなすべきかが契約や規定によって明確にされています。

一方、日本社会では、多神教を基本とした〃人間関係〃を基本にした社会規範を持った家族的組織を構成します。もちろん業務分掌や担当は存在します。しかし、いわゆるムラ社会で除《の》け者にされないために大切なことは、規定やルールを守ること以上に、空気を読んで赤信号を渡る勇気だと言われます。

この「皆で渡る赤信号」を逆手に使い、集団心理を軸とした心理的安全性を担保しながら行う改革が、日本の企業社会には極めて有効ではないかと私は考えています。社会科学では、「社会（条件）が変われば、人間は変わる」と考えます。そう考えると、組織のあり方や評価という前提条件を変えてやれば、人間の行動は変わる。だから、そもそも人間は「善」でも「悪」でもないと捉えればよいのだということになります（この考え方に基づく方法論については、第7章で詳しく解説します）。

大野耐一は、組織や人間そのものについては多くを語っていませんが、基本と位置付けたのが「事実」でした。徹底した三現主義を貫き、事実をベースに物事を考えるやり方にこだわったのです。その言葉に「生産の現場に関しては、『データ』ももちろん重視してはいるが、『事実』をいちばんに重視している。問題が起きた場合、原因の突きとめ方が不十分であると、対策もピント外れのものになってしまう、そこで五回の「なぜ」を繰り返すというわけであり、これはトヨタ式の科学的態度の基本をなしている」というものがあります。

これは、徹底的に事実をベースに議論することで、空理空論や場の空気への迎合などの思い込み（認知バイアス）を戒めるとともに、三現主義で考えることが人を育成する基本であると述べたものではないでしょうか。

この人間の可能性を最大限に引き出すための人間性尊重や現場重視の考え方は、トヨタの風土として引き継がれ、人間の考える能力を徹底活用することを通じて、トヨタ独自の開発様式に進化したのです。

第6章

これから日本は
どう変わっていくのか

1

国内のものづくりの役割

ここまでの章で、環境変化に対応したフォード、トヨタ、TOCのオペレーション・マネジメントの進化を見てきました。ここからは、私たち日本企業が挑戦している「不確実性が高くあいまいな環境でのものづくり」を、「巨人の肩に乗って」考えていきます。

経済産業省が毎年出している『ものづくり白書』によれば、日本の製造業の国内生産拠点の戦略的な活用目的として一番多いのは、図表32のように、新しい技術や製品など新たな価値創造を生み出す「イノベーション拠点」。2番目は海外へ移管する生産技術や海外工場のバックアップを担ういわゆる「マザー工場」の役割、3番目は多品種少量生産・短納期生産な

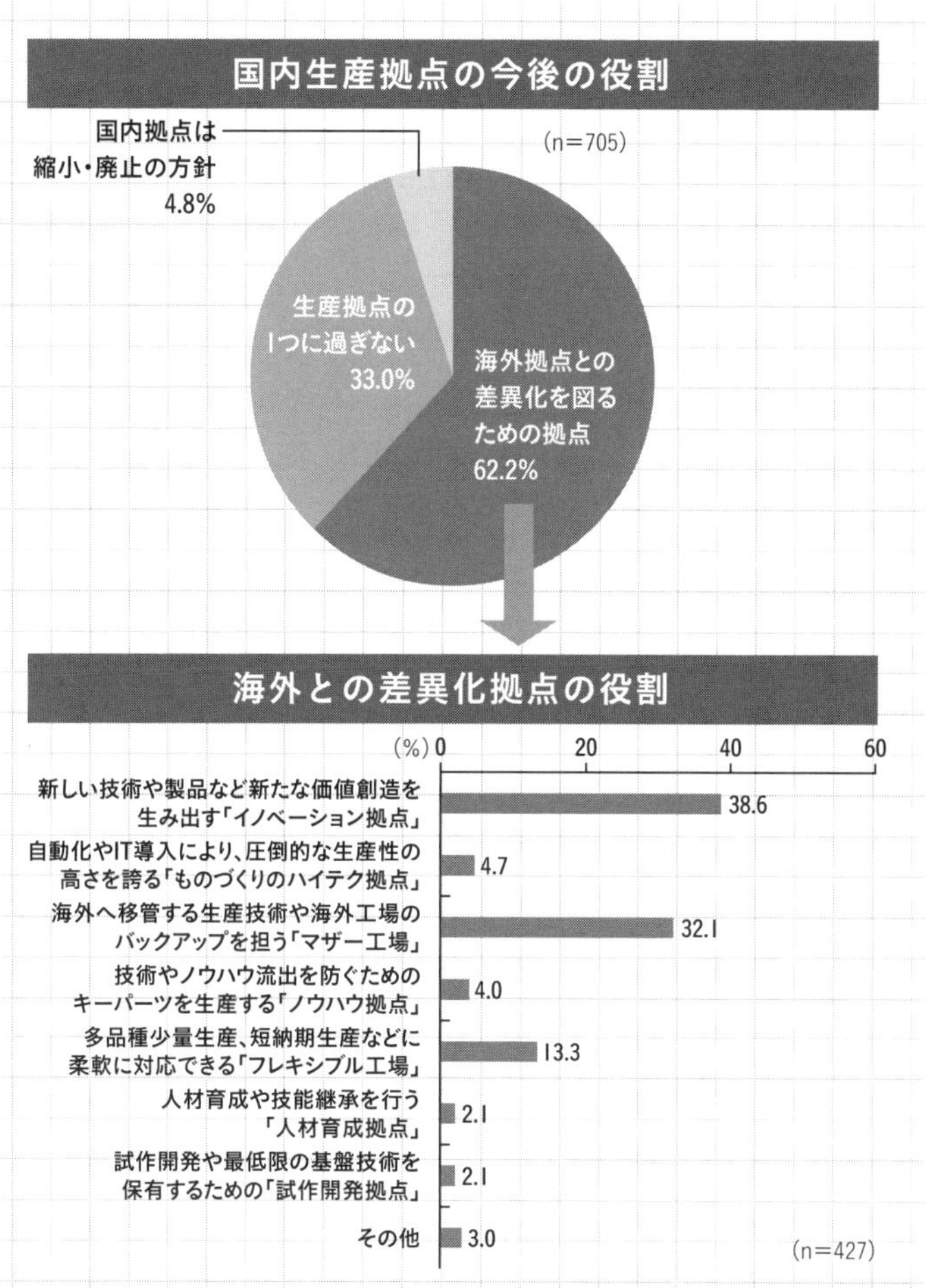

※：「国内拠点の今後の役割」で「海外拠点との差異化を図るための拠点」と回答した企業が対象

出典：2015年版ものづくり白書

図表 32　国内生産拠点の位置づけ

どに柔軟に対応できる「フレキシブル工場」ということでした。

要するに、これから国内に残る生産拠点は、「イノベーションを生み出すフレキシブルなマザー工場」という役割を果たす必要があるということです。そのために、「創造性」と「オペレーションの優位性」が鍵になります。無論、こういったトレンドは、日本企業のみならず先進各国が共通して抱えている課題でもあるのです。

新しいものづくりの形——開発型製造業

ものづくりの技術体系には〝組み合わせ型〟（モジュラー）技術と〝擦り合わせ型〟（インテグラル）技術があるとされます。

組み合わせ型技術の代表例はパソコンです。ＣＰＵやハードディスクなど主要な部品の規格が標準化され、プラモデルのように組み立てることで製品をつくることができるので、安価な労働力を持つ国に優位性があります。

これに対して擦り合わせ型技術は、自動車のように多くの部品を高度に組み合わせるという生産技術に特徴があります。しかもこの擦り合わせの部分は企業内でブラックボックスになっており、そのまま競争優位の源泉になるのだとされます。

東京大学の藤本隆宏教授は、「日本企業が世界で勝負するとき、必要になるのは付加価値。〝擦り合わせ型〟の技術をいかに守り、育てていくかが重要だ」と指摘しています。しかし、これからは技術の擦り合わせだけでは十分ではありません。『ものづくり白書』でも指摘されるように、これから日本に増えるものづくりの形は、擦り合わせの発展系とも言える、イノベーティブな先端開発型製造業なのです。

我々は、顧客の要求に応じて製品の仕様を策定し、開発・設計を行い、その後に生産活動を行うようなものづくりを「**DTO（Development to Order）**」と呼んでいます。

DTOスタイルのものづくりは、場合によっては要素技術の新規の開発が必要で、スペックがなかなか決まらず、見積もりに時間がかかる、さまざまな変更が発生し都度調整が必要、部品の調達も困難……など、多くの手間がかかり、生産リードタイムは非常に長くなるという特徴があります。量産を前提とした試作なども一種のDTO型生産と言えますが、いずれも標準形がない状態から、仕様を決定し、設計や調達の作業を行うため、極めて手間と時間のかかるものづくりなのです。ただ、これからますますこういったスタイルが増えていくと予想されます。

DTOのものづくりの主な業務特性は、次のように考えられます。

①数量が少なくリピートがない

製造する全体数量が少なく、都度、細かい変更が入る場合もある。現場は数をこなして習熟することができず、常に一発勝負を強いられる。

②仕様が不確実

顧客の要求や市場のニーズなどによって仕様が決まるため、あいまいな状態からスタートせざるを得ないので、どのような作業や業務が発生するかが不確実である。

③時間が不確実

仕様の不確実性と技術的難易度の高さが原因で、実際に発生する作業はやってみないとわからない。このため現場で発生するタスクの時間見積もりが困難で不確実である。

この複雑さとあいまいさに、どのように対応していくかが勝負になることは言うまでもありません。ここからは、ＤＴＯのものづくりをモデルに、そのオペレーション・マネジメントを考えていきます。

2

今、現場で起きていること――統制的予算管理

このDTOのように、ものづくり環境がどんどん複雑化する一方で、オペレーション・マネジメントはどのように進化してきたのでしょうか。DTO業務は複雑な分業を前提とした業務形態ですから、当然しっかりしたオペレーション・マネジメントがあるべきなのは言うまでもありません。

しかし、本当に残念なことに、今日こういった複雑で変化が激しいものづくりを一気通貫でオペレーションする方法論は存在しません。したがって、相変わらず**「現場が体を張って頑張っている」というのがその実態**です。

前述のように、DTOの業務フローは「仕事の負荷」という観点から見ても極めてアンバ

ランスなのが普通です。そういった業務特性ならば、本来ならばたっぷりと設定されるべき時間の余裕（タイムバッファ）も、能力の余裕もまったく考慮されていない、極めて危機的な現実が存在します。それはなぜでしょうか？

実は、第1章でもお話しした伝統的なコスト計算（原価計算）に基づく「組織運営の間違った考え方」が立ちはだかっているからです。

GMの時代から引き継がれてきた管理システムのパラダイムは、次の2つです。

①コストを引き下げるためには、在庫は許容される
②誰もが忙しく働くことがコストの最小化につながる

在庫を積み上げてでもコストダウンを至上命題にするというパラダイムは、2009年のサブプライム問題と在庫をめぐる議論によって否定されました。これによって、在庫は悪だ、在庫はコストなんだと多くの企業の認識が変わりました。しかし、②の「誰もが忙しく働かなければならない」というパラダイムは、依然として企業の隅々に根を張っており、とても厄介なのです。

サブプライム問題と在庫　リーマンショック直後の2010年3月期に日本の上場企業が減らした在庫（棚卸資産）は全体のおよそ12％で6兆4000億円余り。この在庫削減の流れを受け、その後は在庫をコストと捉え、キャッシュコンバージョンサイクルを重視する考え方が常識となった。

競争に勝つために、現場にはコストダウンへの強い圧力がかかっており、業務環境はますます厳しさを増しています。しかし、先ほどもお話ししたたように、有効なオペレーションの方法論がない中で、結果を過度に追い求めれば、「手段はどうでもいいからとにかく結果を出せ」という圧力につながるのです。

今日においても多くの企業では、100年前と変わらず能力バランスを追求し、稼働率を100％に近づけること、すなわち「誰もが忙しく働くこと」こそがアウトプットを最大にし、コストを最小にすると信じられています。まさに空気のように「当たり前」の常識なのです。そのため、少しでも余裕があれば、人を減らして常に「忙しい状態」を維持しようとします。

さらに悪いことに、近年のトレンドとして「人件費の変動費化」が図られ、非正規社員が増加しています。この考え方を続けている限り、誰にも余裕がなくなり、一度何かトラブルが起きれば挽回は不可能になってしまうのが現実です。

しかし、この空気のように当たり前になった考え方は、多くの会社で予算管理制度の枠の中にもガッチリと組み込まれています。この予算管理制度の最大の問題点は、「前年対比」と「ストレッチ」に代表される**計画至上主義**です。この場合、トップダウンで割り当てられる予算を、経営計画や利益目標から逆算して現場に落とし込んでいくことになります〈図表33〉。

これは、現場に対して目標を与え、役割と責任を明確にする狙いがありますが、現実的には組織を機能別に切り分けて、それぞれのコストの最小化を目指すやり方です。もし予算編成段階で「売上が足りない」などの数字の齟齬があれば、辻褄合わせのために徹底した経費の切り詰めが行われ、その場合、人件費も聖域ではありません。

機能ごとに細分化された予算ユニットは、個別の計画を精緻につくり上げる必要があり、コストを際限なく引き下げろというプレッシャーにさらされ、販売数が伸びず売上が上が

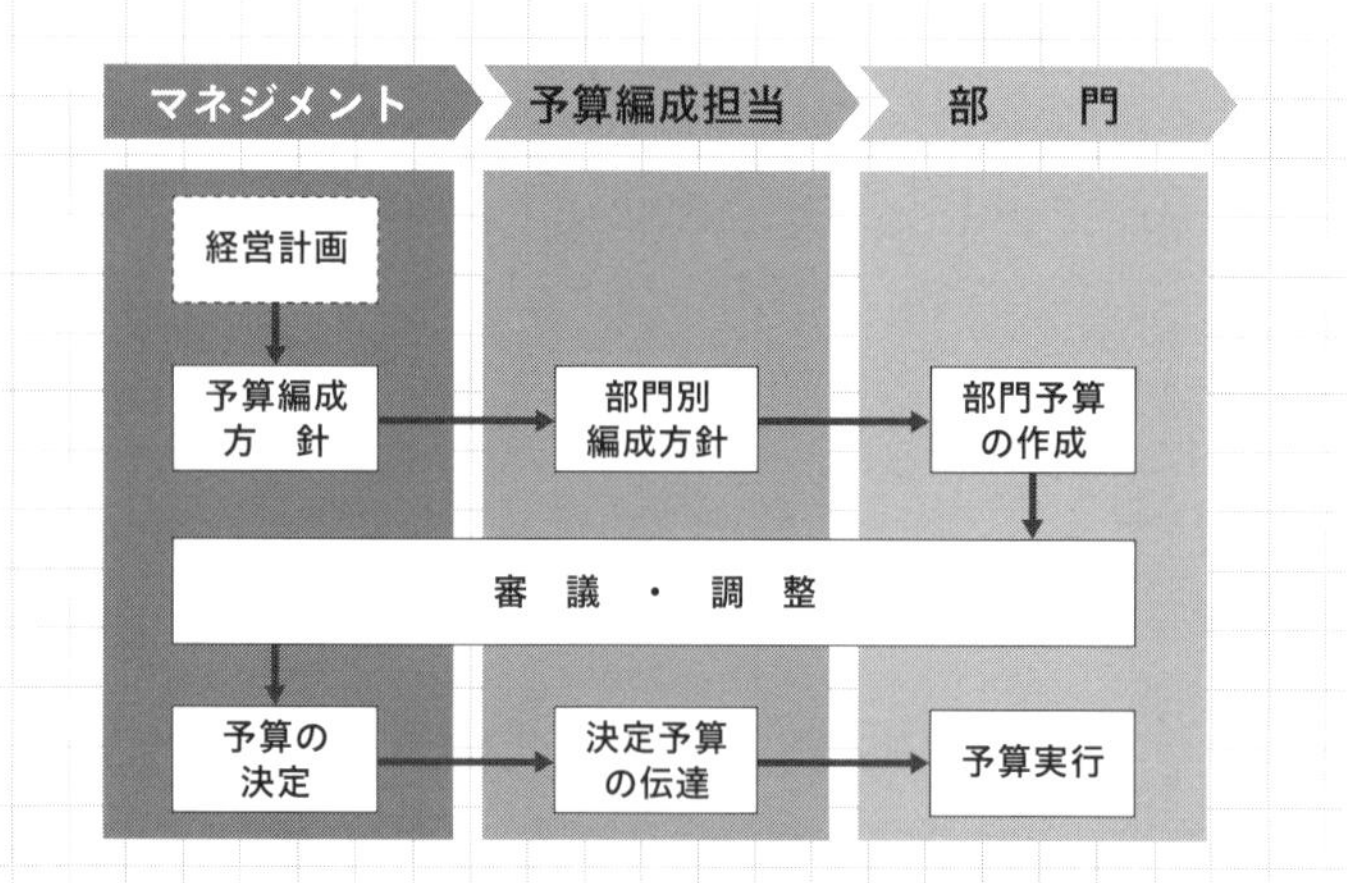

図表33　一般的な予算のつくられ方

らない今日では、現場の疲弊に直結してしまいます。

売上を最大に、コストを最小に――そう言えば聞こえはいいのですが、その実態は、GMの時代に遡って、すべての機能を量（コスト）のパラダイムで管理しているに過ぎません。第1章の4で触れたように、まさに「人間は評価されるように動く」ということであり、個別最適の結果主義に陥ってしまうのです。

人間はストレスにさらされるとどうなるか

こうなると、さらに人が足りなくなり、「仕事ができる」人――対応が的確で速い人には特に仕事が集中してしまいます。そうした人材は、同時にリーダーの役割を担っている場合も多く、自分の業務だけでなく、チームの管理・会議への出席・若手の育成など一人で何役もこなさざるを得ません。まさに「一人**サイロアプローチ**（業務・改善・育成）」で、優秀な人材ほどバーンアウトして（燃え尽きて）しまうリスクが高まっているのです。

こういった「リーダーの強い責任感」に支えられている組織は、日本中、至るところに存在します。その結果、責任あるポジションにいる人材の脳は、常に強いストレスにさらされていると言われます。

サイロアプローチ　各部門がタコツボ化（サイロ化）して、それぞれ個々別々に対応してしまう効率の悪いやり方のこと。ここでは一人で何役もせざるを得ない状況を指している。

行動経済学者であり心理学者でもあるダニエル・カーネマンは、著書『ファスト&スロー』の中で、人の脳の2つのモード――「直感的に判断するモード」と「深く思考するモード」の働きを研究した結果、「深く思考するモード」の認知的負荷の高い作業が続くと、人はメンタルエネルギーを使い切り、「自我消耗」の状態に陥ることを指摘しました。そしてこの自我消耗が起きると、セルフコントロールが難しくなり、直感的なエラーを起こしたりしやすくなります。

結果として、小さな変化であっても、そのストレスに耐えられなくなります。日々、ストレスにさらされている日本企業のリーダーたちが、より良い方向に向けてリーダーシップを発揮することができず、現状維持の思考に傾くのも、ある意味で当然なのです。

私たちの組織でも、自分を守るために組織の壁を必要以上に高くしてしまうことがあります。このような状態が続くと、コミュニケーションが阻害され、必要な情報すら伝わらなくなり、時間の損失、お客様へのサービスの低下、若手の育成の遅れ、離職率の増加、精神疾患の増加といった「**悪魔のサイクル**」が回ってしまうことになるのです。

前述したように、通常の状態でも、人間の脳には「認知バイアス」が働き、直感や先入観(思い込み)、恐怖心や希望的観測によって、論理的な思考(知性)や合理的な行動が妨げられてしまいます。ベストセラーとなった『失敗の本質』（野中郁次郎ほか）では、特に日本の伝統的な組織風土の中では、この認知バイアスが原因となって、「空気を読み暗黙の了解がまかり通る」「突出することを避ける」「意思決定ルートや計画が非常にあいまいなまま『下』に責任とリスクを押し付けてしまう」などの悪影響をもたらす危険性があることが指摘されています。

このような状況は、「自分が何とかしなければならない」と必要以上に責任を感じたり、「皆が我慢しているから」と、空気を読んで黙ってしまったりした結果なのです。言い換えれば、責任感が強くまじめであるがゆえに、こうした結果がもたらされてしまったのだとも言えるのです。

これにより、次のような**5つの「望ましくない状態」**が組織の中に生まれてきています。

①個人商店化

知見のない仕事も含めて、自分の持ち場を一人で必死で守り、結果として問題が起きても自力で何とかしようとする。つまり、「組織であって組織でない」状態になり、仕事に組織の知恵が入らないことで大きな問題が発生している。

②**あいまいなスタート**

担当だけが先に決まっていて、顧客ニーズの検証が不十分で仕様とフローがあいまいなまま仕事が始まる。確認業務や不具合の後始末など後ろ向きの仕事に時間を費やし、新規にスタートする仕事の準備ができず、トラブルが頻発する。

③**コミュニケーション不全**

コミュニケーションが「一方通行の指示」と「過去の結果の確認」になっており、優先順位が組織的には決まらない。

④**意思決定不全**

上下の意思の疎通が悪く状況判断が共有されない。一度始めたことに対して、誰も優先順位の決定をしないので、すべてが最優先になり、負荷オーバーがあちこちで発生する。

⑤**誰もコントロールできないオペレーション（業務運営）**

設計・調達・製造がそれぞれ違うパラダイムで動いており、誰もコントロールできず、部分最適に陥っている。

3

生産性を大幅に引き下げている30％の「生煮え仕事」

こういった問題を解決する糸口として、興味深いデータがあります。私たちが支援する日立製作所の「働き方改革」の取り組みから見えてきたのは、設計部門の担当者の労働時間の20～30％が、「不完全な仕事」に起因するトラブルに対応するための「手戻り時間」だということでした。この手戻り時間こそが、フローのスピード向上を妨げている「渋滞」発生の元凶になっていることがわかってきたのです。

つまり、業務効率の低下を生じさせているのは「業務過多」だけではなく、さまざまなトラブル対応や、不完全な仕事のやり直しなど、本来ならやらなくてもよかった「ムダ仕事」だったということです。詳しく見ていくと、負荷を押し上げている原因の多くは、仕様など

日立製作所の「働き方改革」の取り組み　資料は以下URLで閲覧できる。
http://www.jaspic.org/event/2016/SPIJapan/session2B/2B3_ID001.pdf

の求められるアウトプットを事前に確認しない、思い込みで実行して失敗するなど、私たちが「知識ギャップ」と呼ぶ、不十分な仕事の定義に起因する部分でした。たとえて言うなら、4車線ある高速道路の半分を常に閉鎖して仕事をしているようなものだったのです。もちろん、この設計部門での「生煮え仕事」は、調達や生産業務にも大きく影響していることは言うまでもありません。

これは、渋滞を生じさせているのは「過剰投入（つくり過ぎ）」だという、大野耐一やゴールドラット博士の主張するフローの原理とは少し異なるもので、負荷を押し上げている真犯人は、不十分な仕様確認や、勘違いでの業務指示の実行などなど、**極めてあいまいな仕事から生じる「手戻り」によるマルチタスク**だったのです。

こうしたあいまいさへの対応は、TOCでは「フルキット（完全な準備）」と呼ばれ、業務を行う上で不十分な情報をあらかじめ特定して、チェックリストをつくり、フルキットマネジャーと呼ばれる管理担当者を選任し、「見える化」を行って対策を実施することを推奨しています。

このフルキット、あらかじめ不確実性そのものにメスを入れて対処しないと、多くの場合、安全余裕として設定したバッファが破綻してしまうことから、経験的に確立されてきたという経緯があります。バッファだけでは、あいまいで不確実な事象に立ち向かえないということなのです。

渋滞のメカニズムに学ぶ

東京大学・西成活裕教授の著書『渋滞学』によれば、渋滞を解決するには、「車間距離を適切に維持する」という、極めて単純な解決方法があるそうです。つまり、渋滞はクルマが多いから起きるのではなく、適切な車間距離を保っていないことが原因であるというのです。

第3章の3で「ドラム・バッファ・ロープ」の解説をしましたが、仕事でも、同じようにボトルネック工程の負荷が90％を超えないように維持し、能力のアンバランスを「好ましい」ものとして積極的に活用する――すなわちそれぞれの作業を、「遅れ」を発生させる（ボトルネック）工程での作業と「進み」を伝播させる（非ボトルネック）工程での作業に分けて考え、「遅れ」と「進み」の両方が伝播するようにすれば、全体を効率よくコントロールできるのです。

前述したように、問題の元凶は「ゆとり」を喪失したことから始まっています。ゆとりとは、別の言い方をすれば「バッファ」です。バッファはさまざまな揺らぎや不確実性からシステムを守るための安全余裕の役割を担います。

今、現場で起きていることは極めて単純な図式で、**バッファが失われ、すべての資源がボトルネックになっている**のです。すべてがボトルネックになっているので、火がついても誰もカバーできず、それどころかすべてから遅れが発生し、全員が火消しに忙殺されているという恐ろしい事態が発生しています。余裕がなくなった結果、助け合いがないため現場がギスギスし、自分だけは何とかうまくやろうと「サバ読み」がはびこり、さらに余裕を失うことになっているのです。

この解決に求められるスキルは、理想的な（静的な）計画をつくるために適正な安全余裕（バッファ）を見積もる方法ではありません。

全体を上流と下流の2段階に分けて考えると、まず上流段階で必要なのは、何がわからないかという「知識ギャップ」を明確にして、確からしさを高めるための知恵の獲得方法です。ここでは知恵の獲得を素早いサイクルで実践し、ある程度、確からしさが高まった段階（下流段階）でシンプルなTOCのフロー・ソリューションを適用し、「速い流れ」をつくるPDCAサイクルを実践します〈図表34〉。上流の三現主義による素早いLAMDA学習サイクルと、下流のシンプルなフロー・ソリューション——2つの組み合わせにより、未知を含めた不確実性を減らしていくのです。

このように、「あいまいで不確実なもの」を管理するためには、2つの異なるアプローチを組み合わせてフローを管理することが有効です。

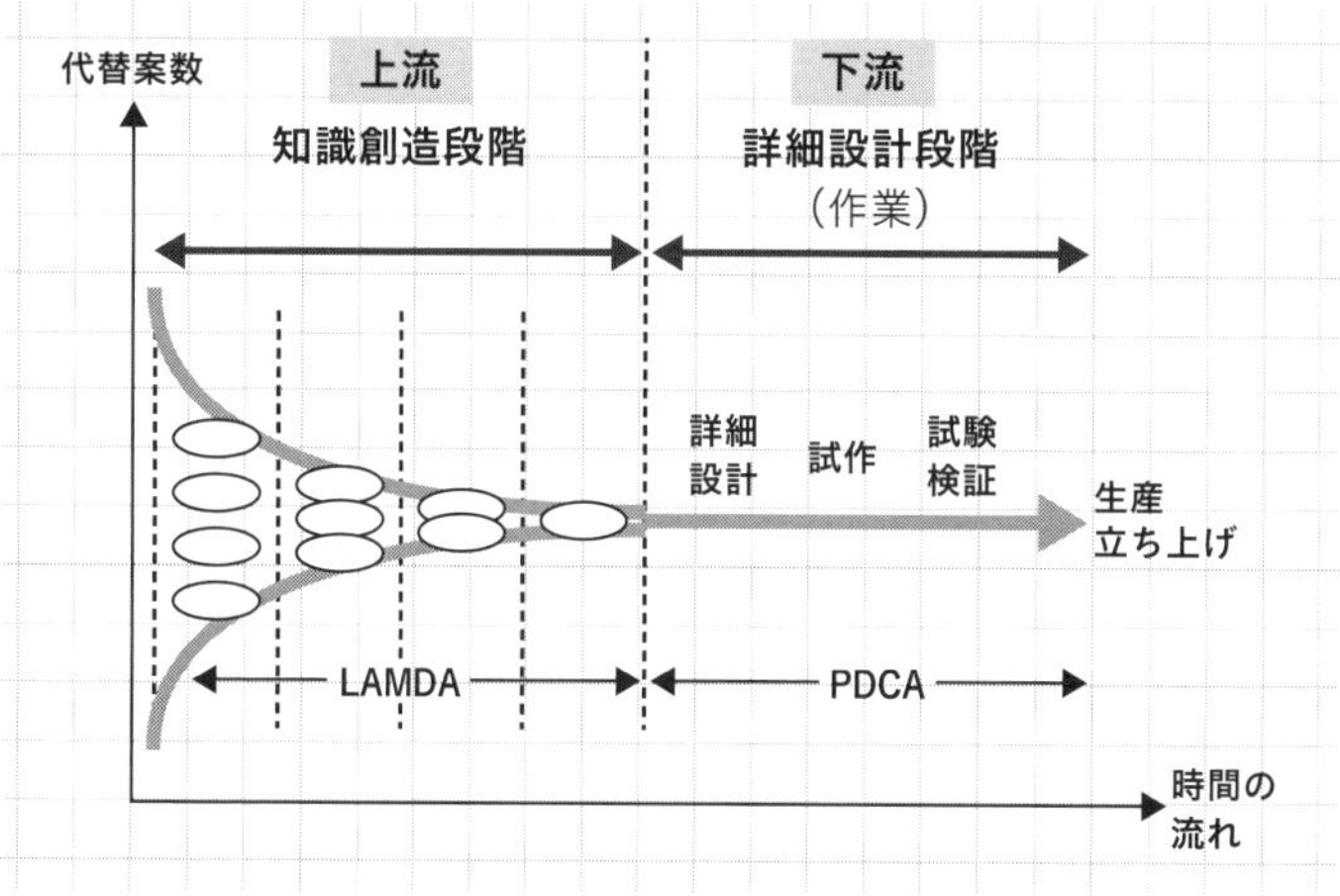

図表34　上流段階と下流段階でアプローチを変える

4 起点は「今」に置く

より具体的に「どうすればよいか」を考えるために、ここで大野耐一『なぜ必要なものを必要な分だけ必要なときに提供しないのか』から、彼の言葉を引用したいと思います。

「フォード・システム」は、〔中略〕言葉をかえていうなら〝計画的大量生産方式〟と称するのが適切だろう。〔中略〕これまでのところ、〝計画的〟の意味する概念は、固定化し硬直化しているように思えてならない。

端的に表現するなら、「フォード・システム」が目指す〝計画的〟とは、ひたすら〝単位時間内における量産〟を追求し、それによってコストダウンが達成され、消費者価格がより低廉となる。その結果は、消費者が購入しやすくなり、〝大衆化〟が実現するという机上の計算であり図式である。

〔中略〕（しかし本来は）企業が生産現場から大量の製品をマーケットに押し出す（プッシュする）のではなく、たくさんのそれぞれ個性をもった顧客たちが、マーケットの最前線に立って、それぞれの望む商品を、つまり「必要なものを、必要な分だけ、必要なときに」、工場から〝引っ張り出す〟（プル）ような仕組み（システム）が必要ではないか。

〔中略〕「トヨタ生産方式」の終極の課題こそ、「過去ではない、未来でもない、いま現在の市場ニーズ、顧客ニーズに応えていかねばならない」という問題意識である。

〝いま〟という実態をつかむのは、至難の業であるが、企業はそれに迫らねばならない。

大野は、私たちがこの時代にどのような仕組みを構築しなければならないかを、フォードの計画至上主義との対比によって教えてくれています。大切なことは、**顧客の望む価値を起点に、ダイナミックに変化する「今」の実態をつかみなさい**ということなのです。

これまで見てきたように、私たちが知らず知らずのうちに「前提」としてきたものは、目標へ至る道筋という「計画」でした。しかし、今日の環境では、右肩上がりの成長を前提とした計画はありえない、計画はすぐに変わるという状況を前提としなければなりません。

つまり、目標を上流に据えて、上流から下流へと水が流れるような形のオペレーション・マネジメントからどう転換するかが求められています。今こそ、大野の教え「過去ではない、未来でもない、今現在」をどう扱うか考えなくてはならないのです。

大野は、「今」を見せることの重要性を、コンビニエンスストアを例にこう教えています。「売れ筋が今を作り出すのではなく、死に筋から空白の棚を作り出すことによって、そこに今を現出させるのだ」――これぞまさに「見える化」の極意です。売れ筋はいわば「過去の情報」であり、深追いすると危険この上ない。未来を予測する拠りどころは過去の情報ですが、肝心なのは現状認識＝「今の情報」だと教えているのです。大野の教えの中で最も重要なのは、今は刻一刻と変化するのだから、アンテナを高くし、今を「動的」につかまえる仕組みをつくり上げなければならないということ。三現主義の本当の意味がここにあります。

コラム　科学と宗教

一般的には、「宗教」は信じるものであり実生活には役立たないもの。「科学」は私たちの暮らしに実際の恩恵をもたらし、論理的であるがゆえに再現性を有すると言われます。でも、昔は宗教も、論理的で役に立つ再現性のある実学だったのです。「そんなバカな」と思われるかもしれませんが、太古の昔から、宗教は実際の政治と密接に結びついていました。

たとえば暦は、宗教的リーダーがこれを用いて神事を執り行い、農作を指揮し、毎年の収穫の安定を図って、民の心と生活を豊かにしてきたパワフルな道具だったのです。もし暦の運用に失敗すれば、宗教の権威は否定され、人の心は離れてしまいますから、宗教は「再現性」を担保するために、さまざまな現象について科学的・論理的なアプローチを行ってきました。科学的に天体の運行を分析しながら、「何事も神様のお陰、祟り、恵み」というように、原因と結果の間にある「なぜならば」を民に説明してきたのが宗教の歴史なのです。

この姿勢は科学的でしょうか、それとも宗教的でしょうか？

我々の現代科学の眼から見ればまったくの荒唐無稽で、迷信に過ぎないことであっても、「現実に起こる（起こった）事象を説明しようとする」という姿勢は科学と同様であり、「現実の物事（事象）を説明し、予測する」ことは、ある意味では論理的だと言えるのではないでしょうか。ここからわかるのは、「論理的に説明できること」と「再現性があること」だけでは宗教と科学の違いは説明できないということです。

人間は社会的な生き物で、相互信頼を基本として生活しています。ただ、新しいものに関しては、そう簡単には信じられないので、信じるための「確からしさ（再現性）」と、それを支える「説明（論理）」が必要なのです。

ただ、信じたい人に「ある条件では〇〇という結果である、またある条件では□□という結果が出る、なぜなら温度が△度以下では××の◇◇が▽▽だからだ」というわかりづらい説明はダメで「〇〇すれば必ず□□になる、なぜなら××だから」というシンプルなロジックが必要です（もちろん、それにつけ込む形で「ニセ科学」のような、もっともらしい「説明」が幅を利かせているのも事実です）。ともあれ宗教とは「人間の信じたい気持ち」に応える形で、信ずるに足りるもの（信仰の対象）」を提供し続けているのです。

一方で、宗教においては「疑わないこと」を前提にすることも多いでしょう。言い換えれば、「教義」を信じる「信仰」を基本にした思想活動であることもよくみられます。そうなると、そこで行われる議論は「教義」に対してではなく、「どう行うか」という教義（定石）の解釈を中心としたものにならざるを得ません。こうした場合、環境が変化して適用条件が変わったときに対応できずに「教義」の論理が破綻し、衰退していくことも多いのです。

もちろん科学であれば、「誰々がこう言っている」ではなく、その論が拠っている「前提条件」を明らかにした上で、しっかり論を戦わすことが重要なのは言うまでもありません。

第7章

経営資源を
ダイナミックに
組み替え、投入する仕組み

1

「ダイナミック・フロー・マネジメント」の考え方

では今を「動的」につかまえ、的確に対応するために、どのようなアプローチが必要か考えていきましょう。

「分業」の本質とは、**人と人がつながって、一つの価値を共につくり上げていくこと**です。そのために、フォードら先人はさまざまな考えを用い、仕組みを構築し、流れを速くするという原理にチャレンジしてきました。欲しいときに、欲しいモノをタイムリーに届けるために「売れるモノを、売れるだけ、売れるときに」生産することが求められます。固定的な計画を前提にオペレーションを設計してはならないのです。

これは情報が上流から下流に一方向に流れていくのではなく、カギになる情報が変化し、その変動が**自律分散型**の情報ネットワークで伝わることを前提とした仕事の進め方に変わるということを意味します。

流れをつくる

前出の東京大学・藤本隆宏教授によれば、ものをつくるという「生産業務」は、顧客に向かうスムーズな流れをつくる手段の一つに過ぎず、「良い流れ」づくりのためには、販売・営業活動に「流れ」の発想を活かすことが今後のキーポイントになるとのことです。その上で、良い設計とは顧客満足を得る設計であり、良い設計を「良い流れ」で顧客に届ける能力がものづくりの基本であると説いています。

要するに、ものづくりの現場がミスなく設計情報を転写するためには、販売・営業活動において顧客ニーズを正しく把握し、開発・設計に伝えるのが重要だということなのです。

万物は流転し、そこに留まりません、ですから一人ひとりが状況を動的に捉え、変化した差分を確実に把握して自律的に修正できるようにしなくてはなりません。そのためには、「も

自律分散型　中央集権型と対になる考え方で、サブシステムがそれぞれ自律的に動作しながら、全体最適化が図られる仕組みのこと。この場合は個々の社員が一定の規則・考え方に基づいて判断しながら必要な情報を伝えたり加工したりすること。

のづくりや開発設計などのシステムは常に変化するもの」だと認識して、ダイナミック（動的）に捉えることが不可欠です。

すでに述べたように、そもそもの間違いは、システムをある瞬間で止まった状態（静的）に捉えてしまっていることなのです。TOCの原点であるバッファ管理は、常に変化する状況を動的に捉えるところから始まりました。それと同じように、システムについても変化を動的に捉えて対応することが必要なのです。

こうなると、組織もピラミッド型の官僚組織で統制するスタイルから、フラットなネットワーク型のプロジェクトスタイルの組織に変わることが求められます。ポイントは、流れをつくることですから、「上流から下流」「営業→設計開発→調達→工場」という区分けをせず、**一人ひとりが自発的にアイディアを出して、創造的に仕事をしていく**という形が理想です。

しかし、この「仕組み」は、言葉で書けば簡単ですが、実際に構築しようとすると非常に難しく、具体的にどうすればよいかがわからずに、皆が困っているのが現状です。

あいまいさや不確実さからは何も生まれません。前述したように、まずあいまいさから脱却して起点をつくり、LAMDAとPDCAの2つのサイクルを合わせ、特徴を活かして使うことがポイントです。

物理的なモノを集約してカタチにする、いわゆる「ハード」づくりには、「何を・いくつ・いつまでにつくるか」を起点とした、PDCAの計画サイクルが不可欠です。一方でLAMDAサイクルは、わからないことを知るために、徹底して事実・現実を起点として知識を積み上げていくことに使うのが最適なのです。

「3つのフロー」を革新する

「売れた分だけ」つくるという考え方と、「需要予測に基づいた販売計画」に基づいてつくることの違いは、「事実」を起点とするか、「計画（願望）」を起点とするかの違いです。実は大野耐一とゴールドラット博士の教えに共通しているのが、事実を起点に計画をつくるのが「流れの本質」であり、売上と製造を区分けせず一気通貫でつながることが競争優位に直結するという考え方なのです。

では、ものづくりが、「刻々と変化する現実」を起点とした形に変わるならば、オペレーション・マネジメントはどのような仕組みに進化すればよいのでしょうか。ここでは組織やシステムのスタイルも大きな変化が求められます。確実に情報を伝えるためには、人が人を介して情報を伝えるという、原始社会にもあった形態に戻るのか、それとも人工知能などを活用した高度なシステムに進化するのか、どちらがよいのでしょうか。

一つの例として、ここから紹介していきたいのは、我々が提唱している「ダイナミック・フロー・マネジメント」という考え方です。この手法は、ものづくり企業において、次の「3つのフロー」の革新を実践することを主眼に置いています〈図表35〉。

①機動的な組織運営を実現するマトリクス組織（後述）と戦略的な人材育成を通じて、経営資源の最適配置を実現する「アクティベーション（組織化）・フロー」
②共創ワークショップで実践の「場」づくりを行い、チームでの問題解決を通じて、経験を組織知として蓄積する「ナレッジ（知識）・フロー」
③顧客利益を実現するビジネスモデルを提案する営業・マーケティング活動と、ものづくりの物理フローを高速化するLAMDA・PDCAサイクルを組み合わせて使う「ビジネス・フロー」

ダイナミック・フロー・マネジメントは、顧客価値を最大化するための「仮説」を起点に、

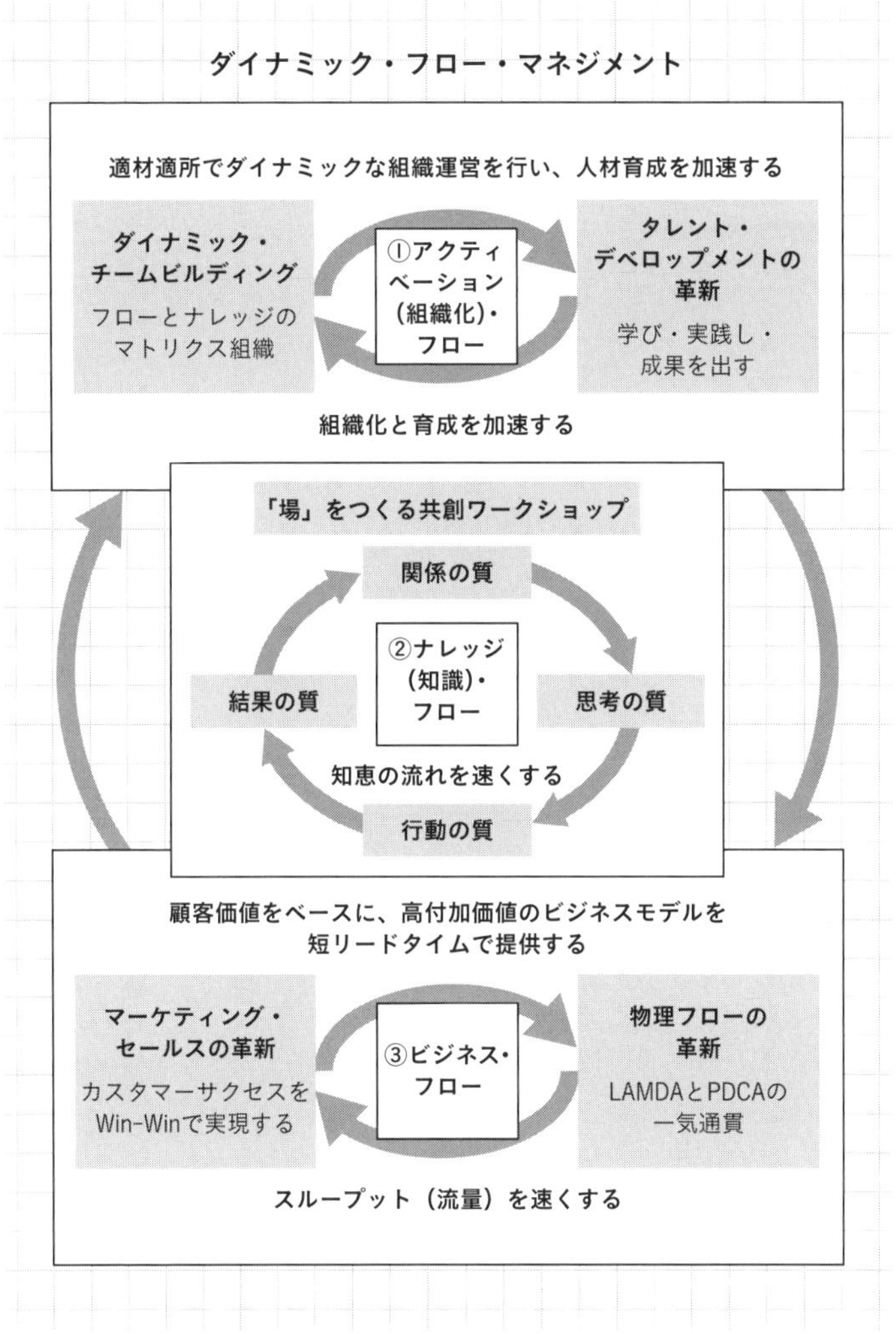

図表35　ダイナミック・フロー・マネジメントの全体像

俊敏にフロー（流れ）を組み替え、個々に分散されたナレッジ（知識）を継続的に組織知として使用することで、競争優位の構築を狙います。そのためには、変化に応じてフローを定義し、必要な経営資源（リソース）と「人」を最適に配置しなければなりません。

では、ダイナミック・フロー・マネジメントの考え方に沿って説明を進めていきます。

2
人を育てるアクティベーション（組織化）・フロー

ダイナミックにフローをコントロールするためのポイントは2つあります。

1点目は、現状を踏まえて、関係者がダイナミックにしかもタイムリーに「つながれる」こと、これによって基本のフローが明確になります。2点目は、基本フローに対して日々変化した差分がわかり、適切に是正のアクションが取れること（=見える化）です。

ここからは、関係者がつながるためのポイントと、チームの一人ひとりが自律的に状況を判断して行動するためのポイントについて解説します。

組織論の勘違いとダイナミック・チーム・ビルディング

「組織は戦略に従う」と言います。20世紀初頭、マックス・ウェーバーは合理的な組織とは官僚制であると指摘しました。官僚制は権限範囲の明確化・組織の階層化・専門化・文書によるコミュニケーションなどを特徴とし、これを優れた機械のように運用すべきであると考えていたのです。また同じ時期、フレデリック・テイラーも、工場労働者を機械の一部のように捉えて管理する科学的管理法を提唱し、大量生産体制の確立に貢献し、著しい生産性の向上に成功しました。

両者に共通するのは、「全体をそれぞれの要素に切り分け、細分化して分業する」という、いわゆる「科学的管理」です。この考え方は、現代では名前を変えて「職能型組織」として運用されていますが、根本の考え方は変化していません。

しかし、このやり方は、これまで見てきたように、環境の変動幅が小さければ有効に機能しますが、複雑性に対しては間違ったアプローチの典型になってしまいます。システム全体を多くのサブシステムに分割し、それらがあたかも独立したユニットであるかのように個々

マックス・ウェーバー　Max Weber（1864－1920年）。ドイツの社会学者・経済学者・政治学者。近代社会学の重鎮と言われ、西欧の近代資本主義の成立と発展をカルヴィニズムとの関係から分析した「プロテスタンティズムの倫理と資本主義の精神」などの著作で知られる。

のパフォーマンスの最大化を目指すのは、組織全体に有害な部分最適を広めることになり、多くの問題が発生します。

最近の研究では、誕生して間もない小さな企業は、組織形態として自然発生的に「機能別組織」をとることが知られています。しかし、規模が拡大していくと、「事業部別組織」を採用し、さらに大きくなると「**マトリクス組織**」を志向する傾向が見られるといいます。

マトリクス組織は、一人の人材が営業部と関西地区担当、設計部と家電事業部というように、複数の部署や機能に所属する組織形態で、通常は「職能」と「エリア」、または「職能」と「事業部」という2つの系列を縦横に（マトリクス状に）組み合わせた形で構成されます。互いの部署・機能を連携させながら仕事を行うことで、業務の全体を見渡すことができるため、周りの状況に合わせた業務の調整がしやすくなります。それにともなって部門同士の壁が低くなり、会社としての全体像も見えやすくなるので、違う部署でも共通意識を持って業務を進めることができるというメリットがあります。

しかし反面、マトリクス組織は、縦と横の利害が対立し、業務の流れよりも職能別組織の都合が優先され、運用が非常に難しいといわれます。さらに今日では、あいまいさや不確実性が増大しているため、マトリクス組織で仕事をする場合であっても、あらかじめ役割を決めて組織的・計画的に動くという従来の考え方ではなく、適材適所に人材を集め、その人間が役割を自律的に果たしていくような即興的で創造的な進化が求められています。このため、マトリクス組織にメリットは感じつつも、マトリクス組織を採用する企業は少数にとどまっているのが現状です。その点、ダイナミック・フロー・マネジメントは、従来のPDCAサイクルと、トヨタの三現主義に学んだLAMDAサイクルの融合を実現することができ、マトリクス組織を回すための最適な活動だと言えるのです。

カギとなるのは「ハーモニー」

ダイナミックにフローを運用するためには、組織的に問題解決を行う仕組みが不可欠です。今日の環境から発生する「問題」の多くは、あいまいで不確実、さらに前述の通り日本の企業は「空気」や「場」など、組織・集団での思考や行動が集団心理に流されやすいという特徴があります。そのため、問題解決そのものより集団への帰属を優先してしまう場合が多いと言われます。この日本人の集団特性に対して有効なのが、和（ハーモニー）をつくる「共創ワークショップ」の仕組みです。

この仕組みは、のちほど詳しく説明しますが、基本的な考え方は、「信頼」をベースに、人・

組織・仕組みをつないで組織のさまざまな問題を可視化し、変革するものです。

第一に、人と人をつなぐ「人間関係」の構築を行うことで、信頼をベースとして改革・改善を進めることを可能にします。そして、これを基盤にして知識ギャップを埋める取り組みをチームで行い、ナレッジベース（業務に関する知見・ノウハウのデータベース）を構築することで、「知識の使い捨て」を最小限にするナレッジマネジメントが可能になるのです。

その理論的背景として私たちが着目しているのが、ＭＩＴのダニエル・キム教授が提唱する図表36の組織における「成功の循環モデル」で、グーグルの生産性研究の結果などからも、その有効性が裏付けられています。

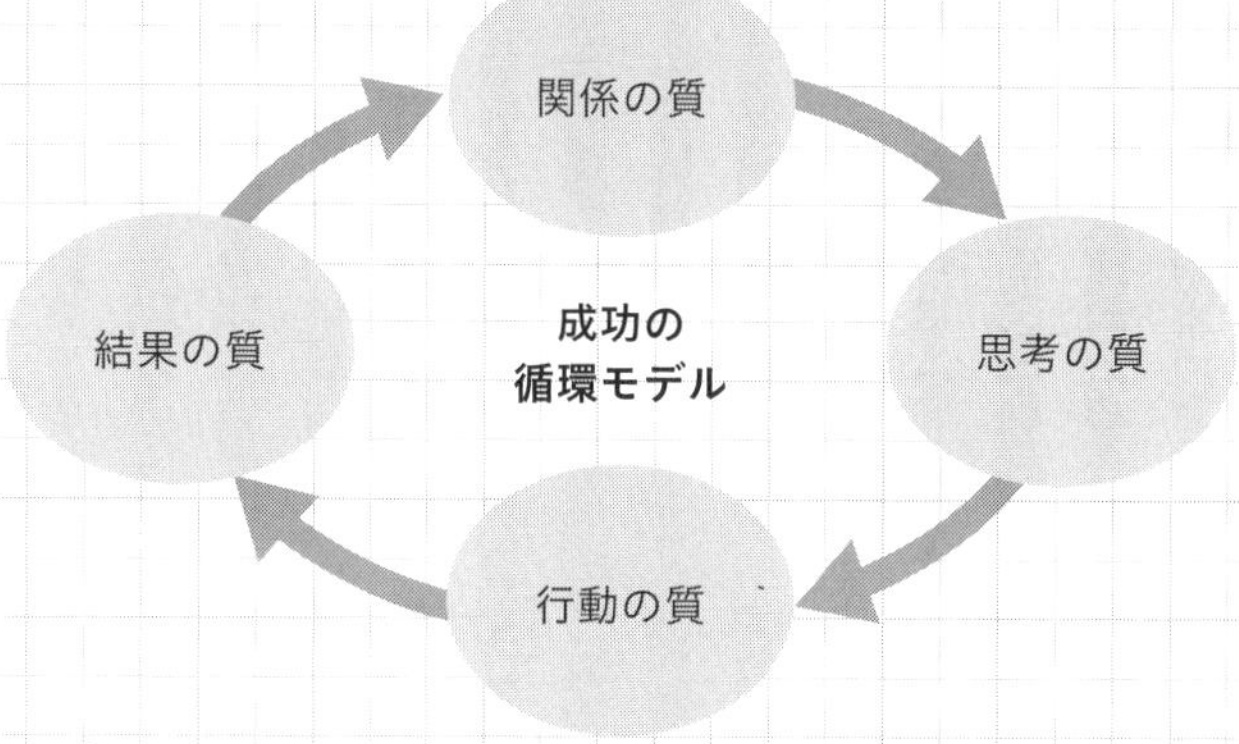

出典：『Organizing for Learning: Strategies for Knowledge Creation and Enduring Change』Daniel H. Kim　2001

図表36　成功の循環モデル

グーグルの生産性研究　Google re:Work（リワーク）／「効果的なチームとは何か」を知る
https://rework.withgoogle.com/jp/guides/understanding-team-effectiveness/steps/help-teams-determine-their-needs/

これは、初めは個人の行動には着目せず、組織の成員相互の関係の質を高めるアプローチから入り、「関係の質」→「思考の質」→「行動の質」→「結果の質」と順番に高めていくというものです。生産性の高いチームの特徴は、「心理的安全性」と「自分らしさ」が担保されており、メンバーが安心して自分らしく活動し、成長する「場（フィールド）」であることで、本質的な問題解決や生産性の向上を実現する土壌が出来上がっていることです。

そして、「心理的安全性」と「改革による変化に対する抵抗への対策」という、相反する命題を同時に実現する受け皿として私たちが推進しているのが、ワークショップという「場」なのです。

コラム

変革の3つのタイプ

明治大学・西剛広《たかひろ》准教授によると、変革活動と呼ばれるものには、3つのタイプがあるとのこと。西准教授の説を基に筆者なりの補足を加えて説明します〈図表37〉。

1つ目は「統制的変革」と呼ばれるタイプで、トップによる権威・命令から生じる変革です。スタイルとしては、具体的な指示による統制（コントロール）が行われます。組織の成員に対しては必要に応じて論理的・共感的に説得が行われますが、トップダウンによる変革は指示的・決定的であるだけに、不適切に実行されると組織の成員から変革の受け入れを拒否されたり、上っ面だけの受け入れをされたりしてしまう危険性があります。

２つ目は、「計画的変革」です。これは変革を遂行する際に、コミットメント→計画→実行→定着化という段階的なプロセスを経るものです。コミットして変革を計画する段階では、「現在の組織の信念や思考・行動パターンに、何らかの変革が必要であること」を組織成員に認識させる必要があります。そして、実行段階では、新たに身につけるべき行動パターンや価値観などを繰り返し確認しながら、組織の成員が環境に適応して、新たな行動パターンや価値観が定着し、新しい組織風土へ

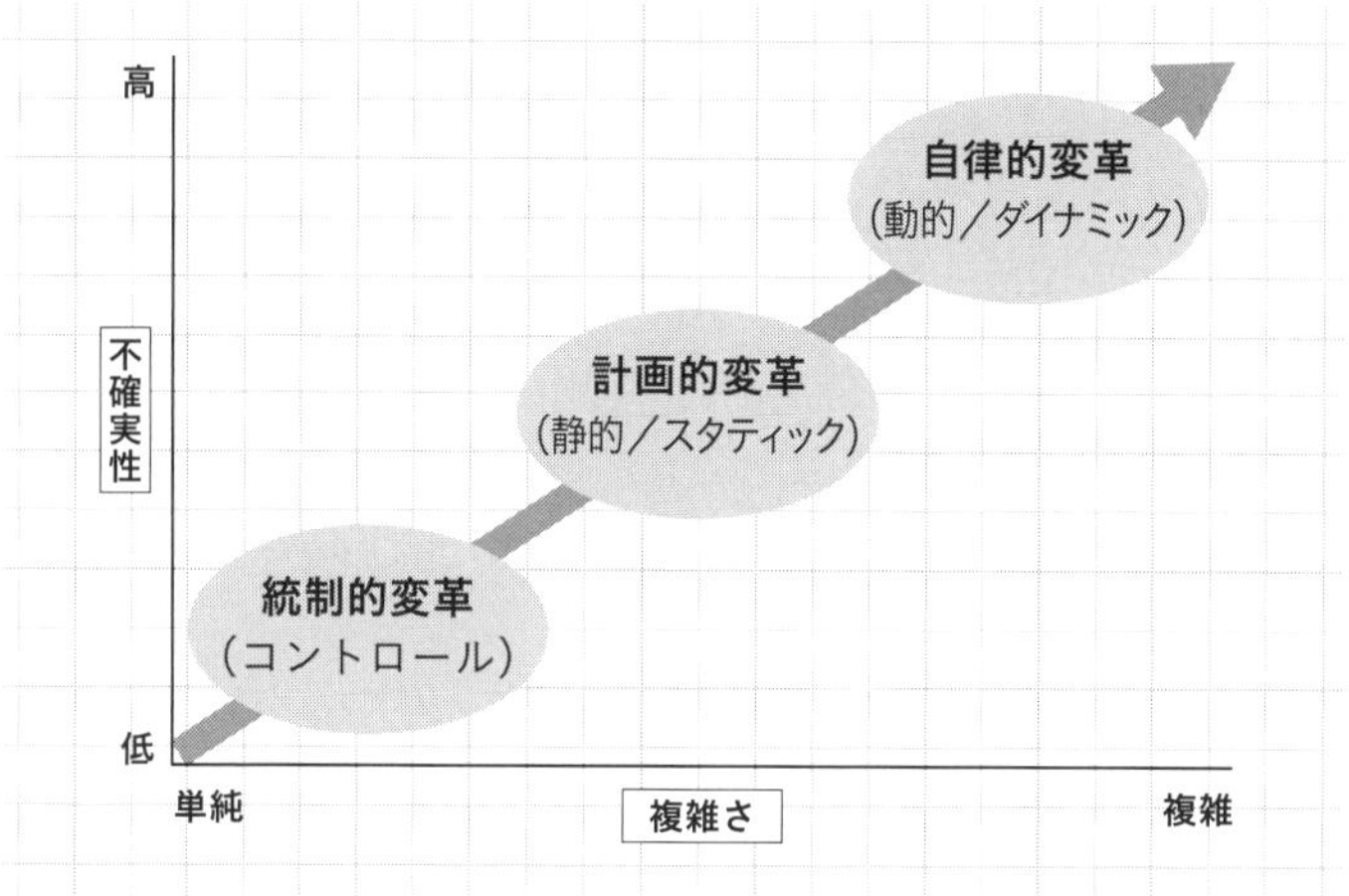

図表 37　変革の３つのタイプ

と変化するように導きます。

計画的変革では、計画側は組織成員に対して価値観や行動パターンを含め、どのように変革するかについての「ロードマップ（計画）」を提示します。この「ロードマップ」を基に、組織成員やステークホルダーに対して変革への役割や責任を明確にしながら、その方向へ組織成員を導き・コミットさせていきます。これはその名の通り、計画通りに計画して実行するという、静的（スタティック）にPDCAサイクルを実行していく変革です。

3つ目は、「自律的変革」です。これは組織成員が組織の目的や前提（環境）を理解した上で、コミットメントをベースに、変革が創発的に生じるようにしていくものです。さまざまな組織成員が変革プロセスに携わり、有機的に変革を企図し、進展させ、既存の組織を再構成し、新しい価値観や行動規範を形づくっていきます。自律的な変革の担い手を、経営層からリーダーやメンバーに移行することで、自律的かつ主体的かつ即興的に変革を遂行し、同時に学習を行うことができるのです。

自律的変革でとりわけ特徴的なのは、この「即興」という概念で、行為をしながらその計画が練られ、その計画が行為に頻繁に反映されるという「実行と考案・学習の同時性」が実現されます。この実行と考案・学習が同時に行われるという点において、自律的変革は極めて動的（ダイナミック）な改革であり、ＬＡＭＤＡサイクルの実践とも言えるものです。

組織能力という「集団天才」づくり

ゴールドラット博士は、著書『何が、会社の目的を妨げるのか』の中で、日本企業の特徴について「日本企業は、試行錯誤しながら新しい概念やアイディアをつくり、何度も修正を加え、お互いに浸透するように時間をかけている。そして、そのプロセスを通じて、システム・手順・標準など、誰でも理解できる形に具体化して共有され、漸進的に進化し、新しい改良と修正を加えていく。この点においては、日本企業は他の国には決して到達できない『組織能力』を持っている」と評しています。また継続的な改善については、『The Race』で「グループ全体が、どのようにして継続的改善のプロセスを受け入れるかという問題を解決するために重要なのは**『私のアイディアだ！』という意識**なのだ」と教えています。

この2つの教えをまとめてみると、組織能力を100％発揮させるためには、オーナーシップと信頼関係をベースに活動を進めることがまず重要になります。これによってモチベーション（やる気）とコラボレーション（共創）が改善され、組織の中にハーモニーが生まれ、改革の実践によって、フローが良くなり、組織ナレッジが蓄積されるのです〈図表38〉。

私たちは大野耐一やゴールドラット博士のように「天才」ではありませんし、天才を一夜でつくることもできません。しかし、「天才もどき」はつくることが可能です。

「**集団天才（チーム）**」という考え方があります。人が人の知恵に相乗りして知恵（実績）を積み上げるという、正しい思考手順を踏めば、1人が2人、5人、10人……と増えることで力が生まれ、天才を超える業績を上げることができるのです。この組織能力の構造は、まさに集団天才をつくるサイクルではないでしょうか。

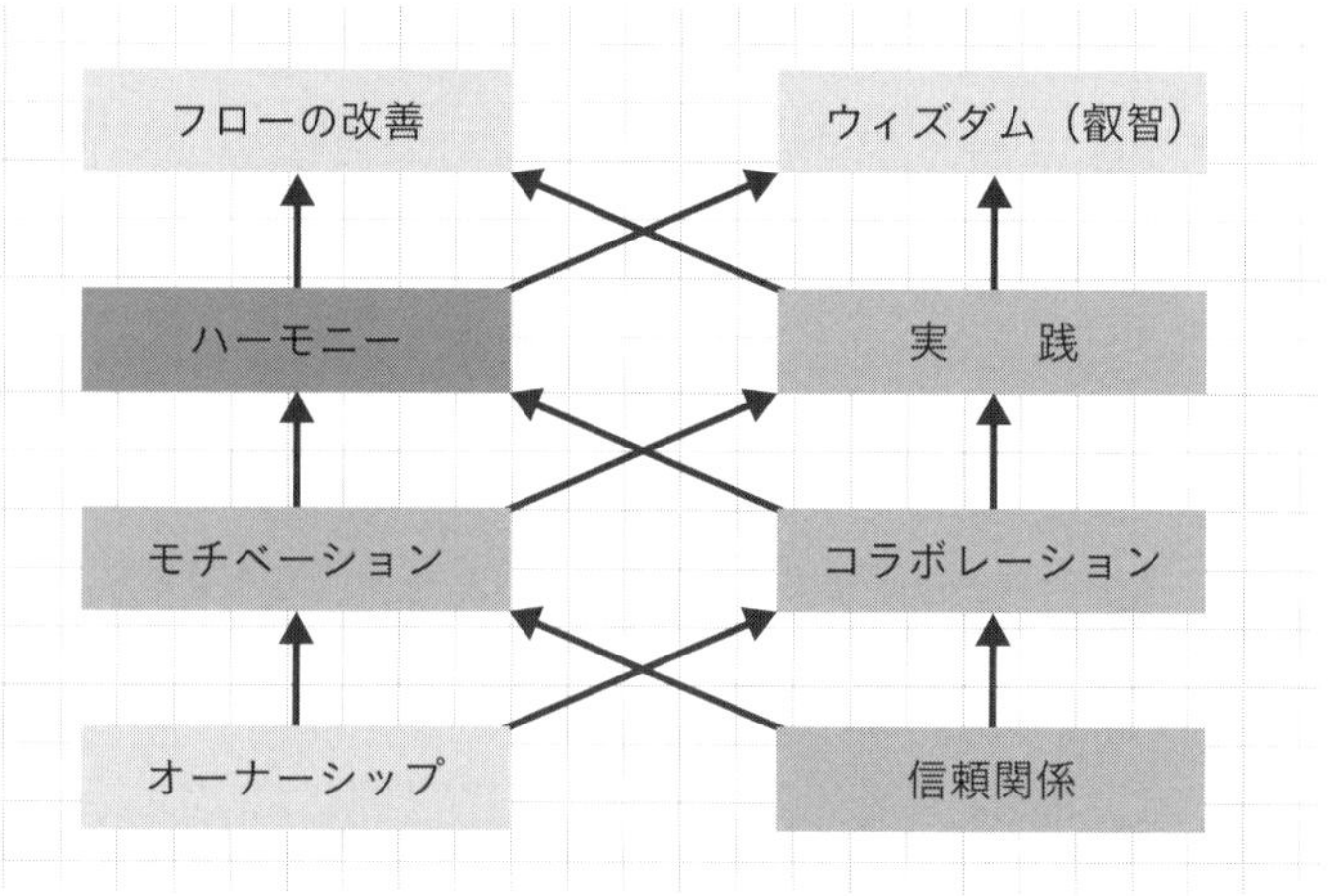

図表 38　組織能力の構造

3

ナレッジ・フローで知識の使い捨てと機会損失を防ぐ

本書冒頭でも紹介したように、『ブラック・スワン』で著者のタレブは「人間は学ばないということを学ばない」と指摘しています、では、学ぶこと、考えることとは、どのようなものなのでしょうか？

何を学ぶか、学び方と学習のサイクル

人間は考えることによってのみ「知り」「学び」続けることができます。私は、**学ぶこと、考えることは「物事を疑う」こと**であり、これは科学することと同義だと考えます。そして、

科学することの本質、すなわち科学的な態度とは、物事の合理的な「疑い方」であると思うのです。

しかし、「疑う」行為は、「否定する」ことではありません。疑い深く何度も三現主義で確かめて、それでも否定できないときに初めて、その事象は「正しい」とみなされます。つまり、正しさを確かめるために疑うのです。ただ、否定できないからといって「正しい」とは断言できません。あくまでも「正しいとみなす」のであって、疑問の余地を残すのが科学的に「正しい」ということであり、学ぶことにつながるのです。そして、先人たち（巨人）は皆、この態度で考え、学びを行ってきたのではないでしょうか。

あいまいさや不確実さに対処するには、三現主義に基づくLAMDAサイクルをベースとして、知識ギャップを埋めることが基本になります。このLAMDAサイクルは、共創ワークショップの中でも、実務の中でも、「考えるベース」となるものです。

前述のように、LAMDAサイクルは、トヨタや系列メーカーのPDCAのやり方が極めて特徴的であったことから、その特徴を活かしてつくられました。これは、欧米企業で一般的に行われている「考える」という行為が、第5章の4で述べた「人間がサバンナで生き残るための本能的な脳のショートカット」と何ら変わらないことに対してのアンチテーゼとも言えるものです。

ナレッジ・フローの考え方

仕事における最大のムダは、せっかく学び、実践して獲得した知識を捨ててしまったり、蓄積した知識を次の業務時に利用せずにまた同じ知識を獲得するために貴重なリソースを浪費したりすることです。ＤＴＯ型の業務は、あいまいと未知が混ざり合いイノベーションが求められる領域と、過去の知識を再利用する再利用領域の峻別が求められています。

もし未知のイノベーション領域であれば、そこには新しい知識の獲得が必要ですが、図表39のように既知の領域で、誰かが苦労して獲得した知識があるならば、新しいプロジェ

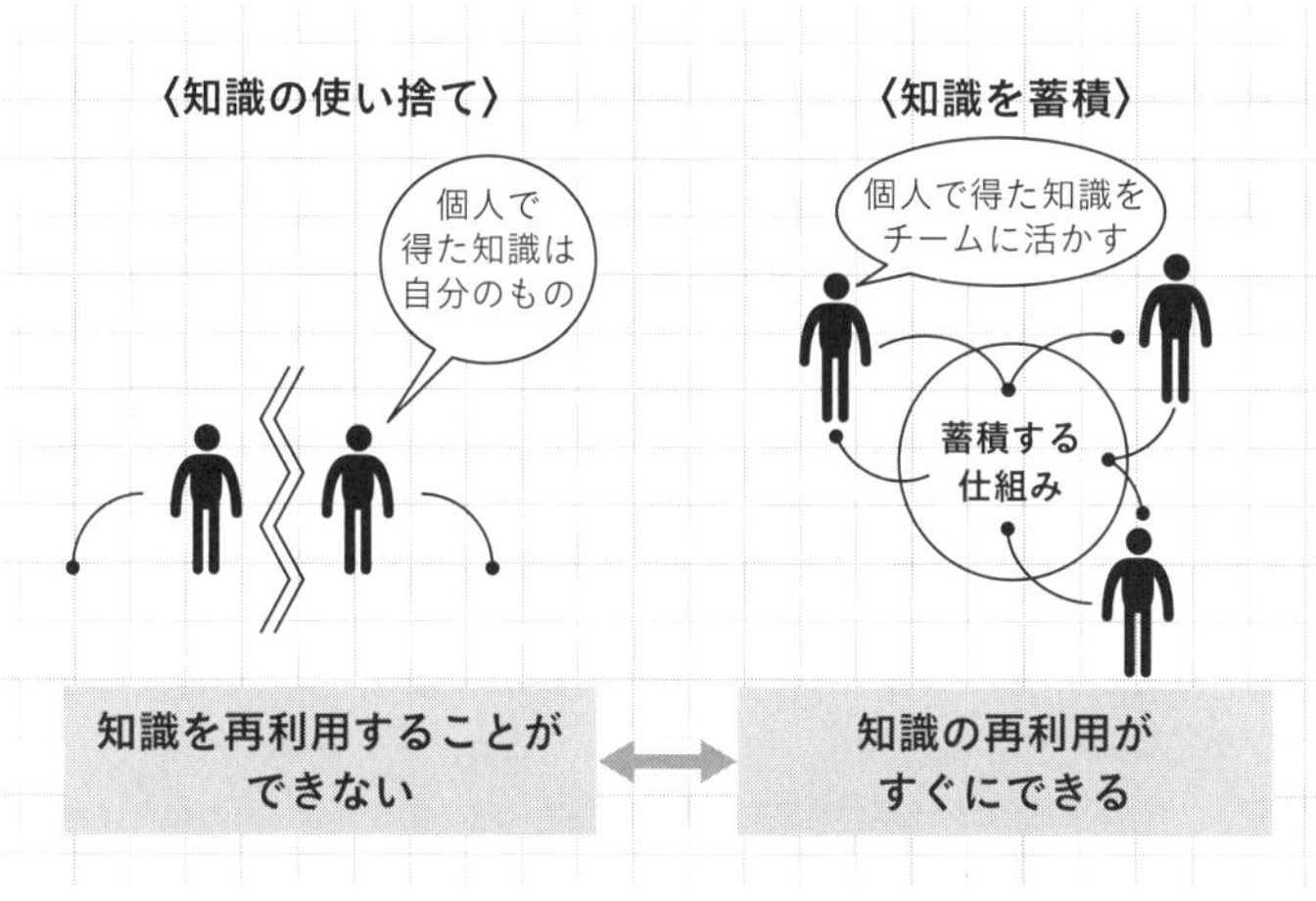
〈知識の使い捨て〉
個人で得た知識は自分のもの
〈知識を蓄積〉
個人で得た知識をチームに活かす
蓄積する仕組み
知識を再利用することができない
知識の再利用がすぐにできる

図表39　既知の知識を使い捨てるか、蓄積するか

クトに再利用されずに使い捨てにされるのは非常に大きなムダとなります。

しかし、ほとんどの企業では、知識を意識的・系統的に低コストで獲得して、それを再利用できる形に記録し、管理するような努力は不十分です。

図表40はナレッジマネジメントのサイクル――知識の獲得から再利用までの流れを示したものです。

まず欠けている知識を特定し、ＬＡＭＤＡサイクルを使って知識を創造し、後述の「Ａ３報告書」という定型的なフォーマットでそれを文書化し、記録していきます。

次に、知識を再利用するために、一般化して、決められたＡ３フォーマットに整理して

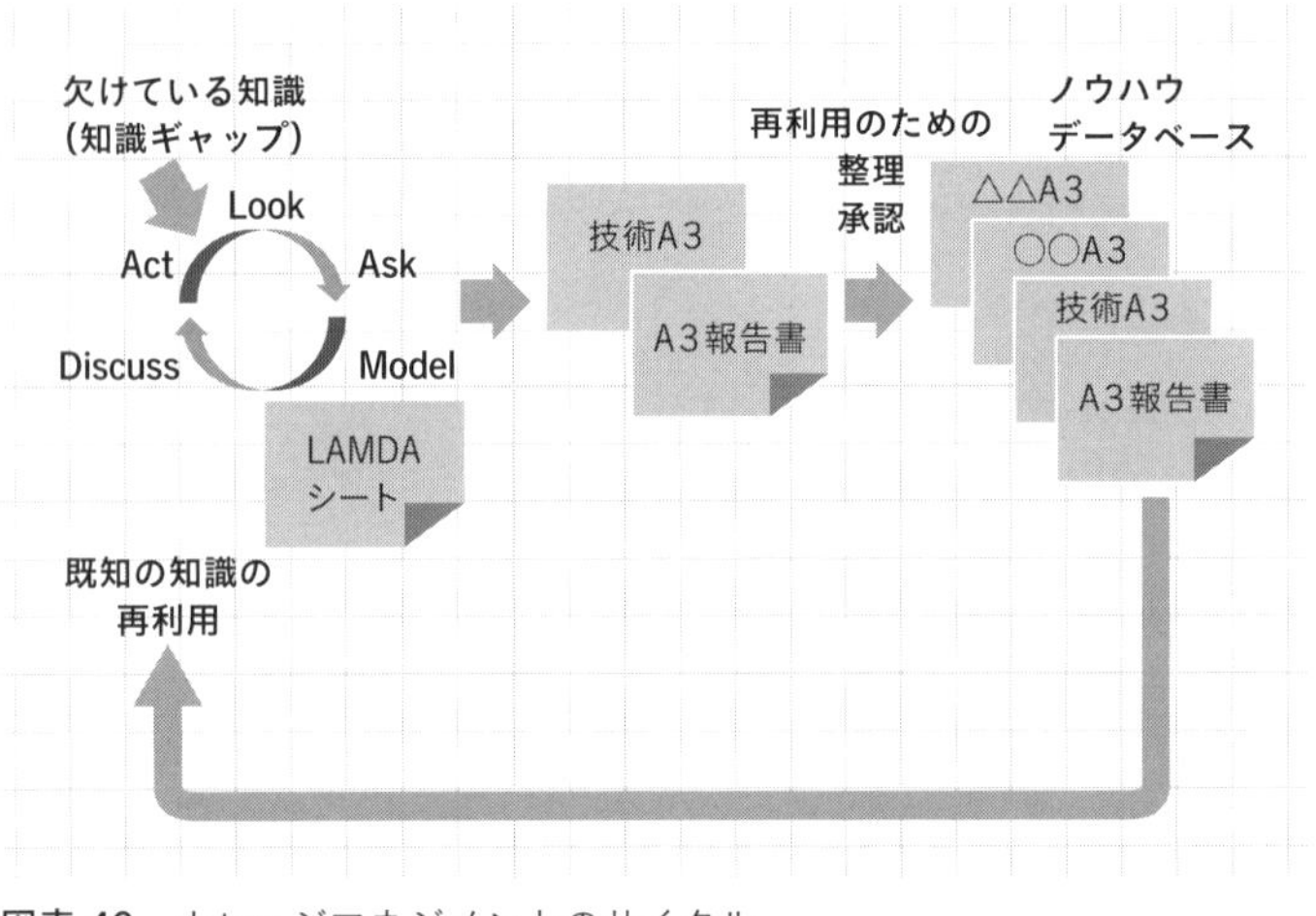

図表 40　ナレッジマネジメントのサイクル

ナレッジデータベースに登録することで、過去に蓄積された知識を参照することが可能になります。

製品バリューストリームと知識バリューストリーム

このように、各プロジェクトで創造された知識を集めて再利用可能な形に一般化し、すべての技術者が使えるように整備するプロセスは、極めて重要な取り組みです。しかし、目前の受注案件をこなし、スループットを得るという、ユーザーニーズが実際の製品へと変換されていく「製品バリューストリーム」の観点からだけでは、その重要性は見えてきません。

実はもう一つの流れ——製品のバリューストリームだけでなく、それと直行する方向に流れる「知識バリューストリーム」があるのです。

次ページ図表41は、横方向の製品の付加価値の流れ（製品バリューストリーム）と、縦方向の知識（ナレッジ）の流れ（知識バリューストリーム）を図式化したものです。この2つの流れは、開発組織そのものにも影響します。製品バリューストリームをコントロールするのはCFOが統括する開発プロジェクトであり、これに対して知識バリューストリームを推

バリューストリーム　ある製品が原材料から顧客の手元に届くまでに至るすべての工程を指す。この間のモノと情報（指示・注文・コミュニケーションなど）の流れを視覚化し、顧客に対して付加価値を生む作業を把握し、ムダの発見や改善を目指すものをバリューストリームマップと呼ぶ。

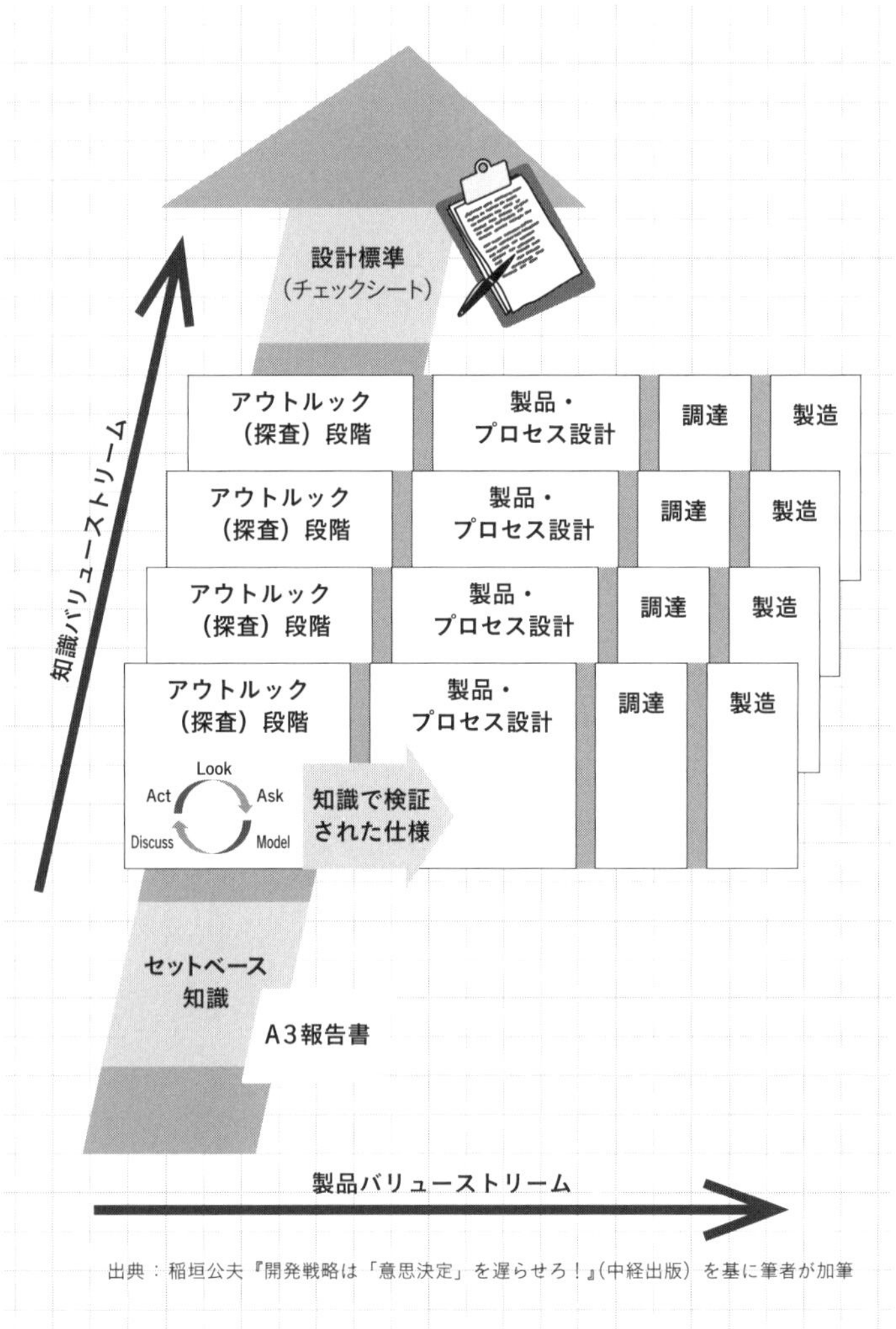

図表 41　製品バリューストリームと知識バリューストリーム

進するのは個別の機能別部門の役割です。

機能別部門は、自らのミッションを「再利用可能な知識の蓄積」と「その再利用の促進」であるという意識で業務を進め、ナレッジマネジメントの改革を行う必要があるのです。

知識の使い捨てを防ぐ「技術A3」

A3報告書は、トヨタで全社的に使われている、A3サイズの用紙1枚でまとめる報告書式の総称です。種類は多岐にわたり、問題解決A3、技術A3、提案A3などがよく知られていますが、それ以外にも各企業・組織でオリジナルのA3フォーマットが活用されています。トヨタの製品開発手法が「リーン製品開発」として体系化された際に、A3報告書もその重要なツールとして知られるようになりました。

ダイナミック・フロー・マネジメントでは、思考をコンパクトにまとめるA3フォーマットを活用します。A3にまとめるプロセスそのものが、作成者の思考プロセスを掘り下げ、整理し、深い知識を得るために役立ちます。また、フォーマットは、自然なロジックに従って、セクションやブロックの配置順序も決まっています。これを活用することで、作成者は

A3報告書　参考図書：稲垣公夫・成沢俊子『トヨタ式A3プロセスで製品開発 A3用紙1枚で手戻りなくヒット商品を生み出す』、稲垣公夫（監修）『今すぐ使えるビジネスの強化書 トヨタ式A3資料作成術』

思考の枠組み（フレームワーク）を標準化することができ、思考スキルの底上げにもつながります。

読み手側からしても、フォーマットが決まっていることで、直ちに文章の本質的な中身に入ることができ、コミュニケーションが効率化するとともに、正しい問題解決方法に従っているかチェックしやすくなるというメリットがあります。

思考様式をそろえることは、金太郎飴式に均質なイエスマンをつくり出すこととは違います。繰り返すように、A3用紙1枚にまとめること自体が、**物事の本質を深く考えること**を誘発します。これを組織的に行っているのです〈図表42〉。

今日、高齢化したエンジニアの退職などで、いわゆる「暗黙知」が失われる問題――技術の断層をいかに克服するかが課題となっています。このような状況の解決策としては、「技術A3」が有効です。暗黙知を明示的な知識に変え、ベテラン技術者が有する深い知識を組織のナレッジとして残すことができ、企業や社員がグローバルな競争で生き残るために必要な、商品企画・製品開発力における「深く本質を考える能力」を高めることができるのです。

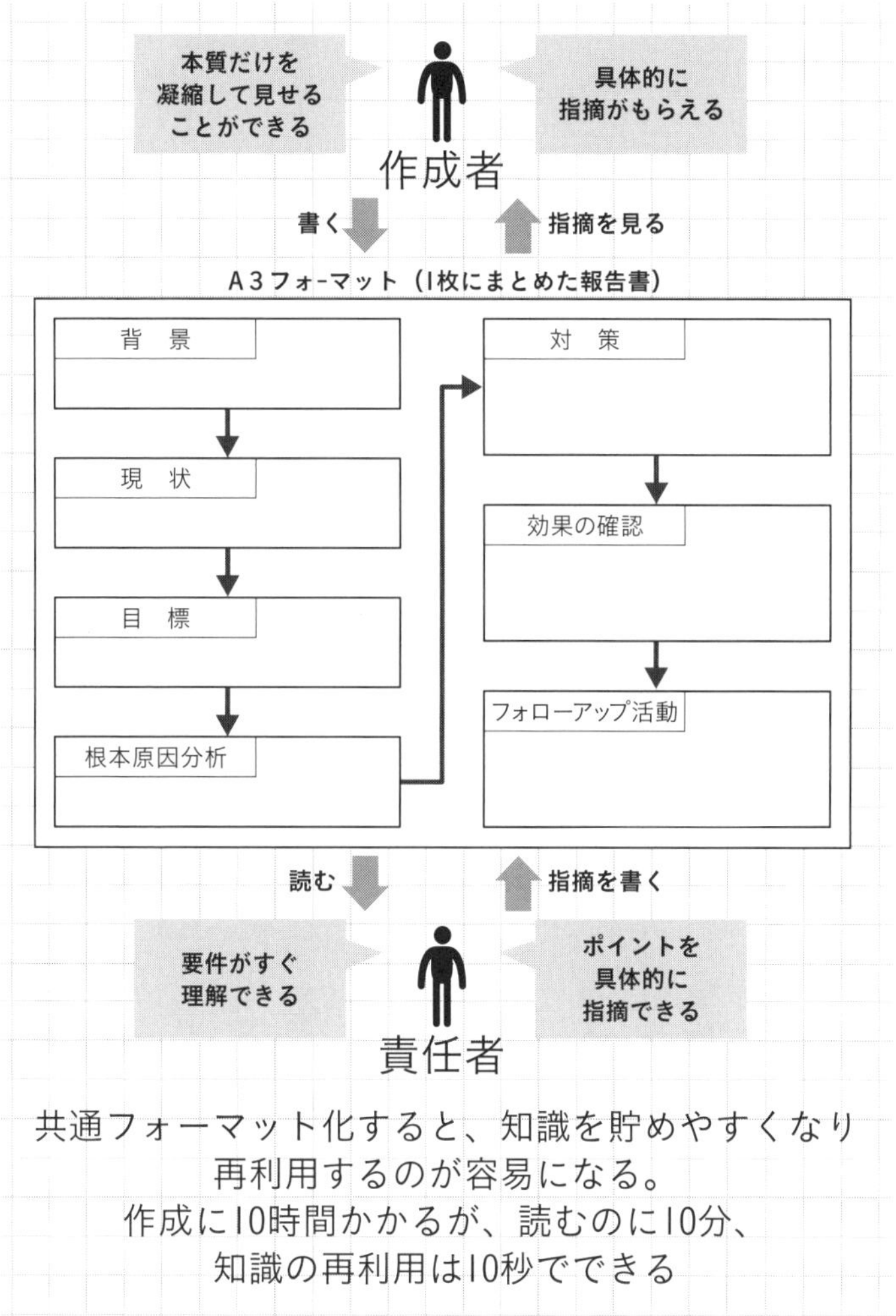

図表 42　A3 フォーマットを活用するメリット

チーフ・フロー・オフィサー（CFO）という役割

ダイナミック・フロー・マネジメントの仕組みが回り始めると、ナレッジ・フローと業務の流れという縦と横の2つのフローをどうマネジメントするかという問題が生じます。これを管理するために不可欠なのがCFO（チーフ・フロー・オフィサー）と呼ばれる役割です。

CFOは製品バリューストリームの責任者で、機能別部門長は知識バリューストリームの責任者です。CFOは実務を遂行する上での技術の方向性を示しますが、機能別部門長は開発業務の中で生まれた知識を再利用可能な形に蓄積し、ナレッジマネジメントを行って人材を育成していく責任を負っています。

また、CFOは製品の設計開発活動だけでなく、製品バリューストリーム全般に責任を負っています。事業責任（損益責任）をまっとうするために、マーケティングから生産までのプロセスを理解して、経営者として適切な意思決定をすることが求められるのです。こうしたプロジェクトは、多くの部門の利害が錯綜し、その調整は簡単ではありません。全体最適の視点から、トレードオフ関係に対して最適解を導こうとする姿勢が必要です。CFOは毎回の共創ワークショップで進捗をレビューし、進捗が思わしくなければ代替案を全体最適の観点から提案する役割を担っています。

このように、技術管理業務をＣＦＯと機能別部門長で役割分担することには、いくつかの利点があります。まず、この体制によってＣＦＯが雑務に追われることなく、全体最適の視点からマネジメントできるようになります。技術者は目の前の業務に集中すると、知識を蓄積してプロジェクト間で共有することがおろそかになりがちですが、この体制では機能別部門長が技術蓄積の責任を果たすので、両者の間でバランスが取れるようになります。

4 共創ワークショップの役割

共創ワークショップは、部門横断で、経営層もマネジャーも担当者も同一の空間で現実の状況を確認し、一緒に対策を考え実行していく「場」を提供します。たとえば、第6章で解説したＤＴＯ型の企業では、営業・設計・開発・生産管理・購買・製造といった部門が大きな会議室に一同に会してワークショップを実施しているようなイメージです。

参加メンバーは、ワークショップリーダーや部門の長、当該テーマに対して詳しい知識を持っている有識者や推進チーム、前述したＣＦＯ（チーフ・フロー・オフィサー）を交えた構成となります。ワークショップは参加者自らが主役であり、参加者自身が問題や課題について、テーマやあるべき姿を考えて実行することが最大のポイントです。有識者は知識を付与したり、経営層とともに参加者の主体的な実行を支援したりする役割を担うことで、「経営成果と、実践のナレッジ（知識）蓄積を通じた、人と組織の成長」の両方を目指します。

こうして、共創ワークショップの仕組みが回り始めると、ネガティブなことやできない理由を討論することで、ワークショップ参加者が「本音」を言えるようになります。こうなると、徐々に「不合理な目標設定」や「理不尽な行動の強要」というハラスメント的なマネジメントが減り、今、現場でどんな問題が起きているかを共有できるようになります。

加えて、**共創ワークショップは「自分たちで考える活動」**ですから、活動を通して、概念や言語（用語）を共有することができ、目標やＫＰＩといった指標の設定能力や問題解決能力が向上するというメリットも見逃せません。

現実のさまざまな情報は、仕組みやシステムの中に埋もれて目に見えないものばかり。そのような状況の中で現地・現物で現実を正しく見ることは難しい課題です。しかし、ワークショップの中での三現主義とは、活動メンバーが共に見て、見えるものの認識を合わせることによって自然に実現される、三現主義の極めて現実的な体現の場にほかならないのです。

共創ワークショップ実際の進め方

実際にワークショップを行う際には、大きな会議室に複数のワークショップ・チームを集めて実施しますが、1チームの人数は5～6名程度で編成します。特に人数を規制するものではありませんが、議論しやすい人数はおおよそ5～6名が限度と言われています。

チーム構成は、活動初期は機能別で編成することが多く、その後、目的によって自然発生的に部門横断チームが編成され、マトリクス型の業務運営が行われていきます。時間的には、半日から終日で、月1～2回ほど実施しますが、チームやテーマによって活動時間は多少ばらつきます。

このような環境のもと、数十人のワークショップ・メンバーが皆一斉に、テーマに基づいて改善や革新（何を、何に、どうやって変えるか）について議論し、調査し、実行していきます。当初はモデルとして、特定の受注オーダーを取り上げてフロー改善に取り組んだり、設計や開発などの個別の部署が抱える日常業務の困りごと（問題点）を「フローを妨げる制約」として改善に取り組んだりと、さまざまな活動を行っていきます。

会社や組織の中に、このような「改革を実行する場」がオフィシャルに存在していることには、大きな意義があります。会社は人が集まって組織となり、分業を行って製品を顧客に届けることでビジネスが成り立っています。そのやり方を変えるには、人が集まって課題を議論し、改革案をつくり、実行するための「場」が必須であることは言うまでもありません。共創ワークショップとは、**「実行と考案・学習の同時性」**を体現しながら、変革を実現するためのエンジンとして機能する仕組みなのです。

実際の活動は、あくまでワークショップ・チームが主役で取り組みを進めていきます。有識者やコンサルタントは、専門知識やファシリテーションの観点から最低限度の介入を行って、チームの活動をサポートする役割に徹します。機能別組織の上長（部長・課長など）も同様に、目標達成とタレント育成の観点から活動を支援し、ワークショップの推進に協力する役割となります。

活動にあたっては、前述の参加メンバーで、「本音の議論」をすることが極めて重要です。確かに、上司や役員と本音で議論することは簡単ではありません。しかし、次ページ図表43のように、有識者やコンサルタント、推進チームメンバーなど、中立的な第三者のファシリテーションで「余計な介入」を防止しながら進めることで、部門長やCFOの知見・意向を

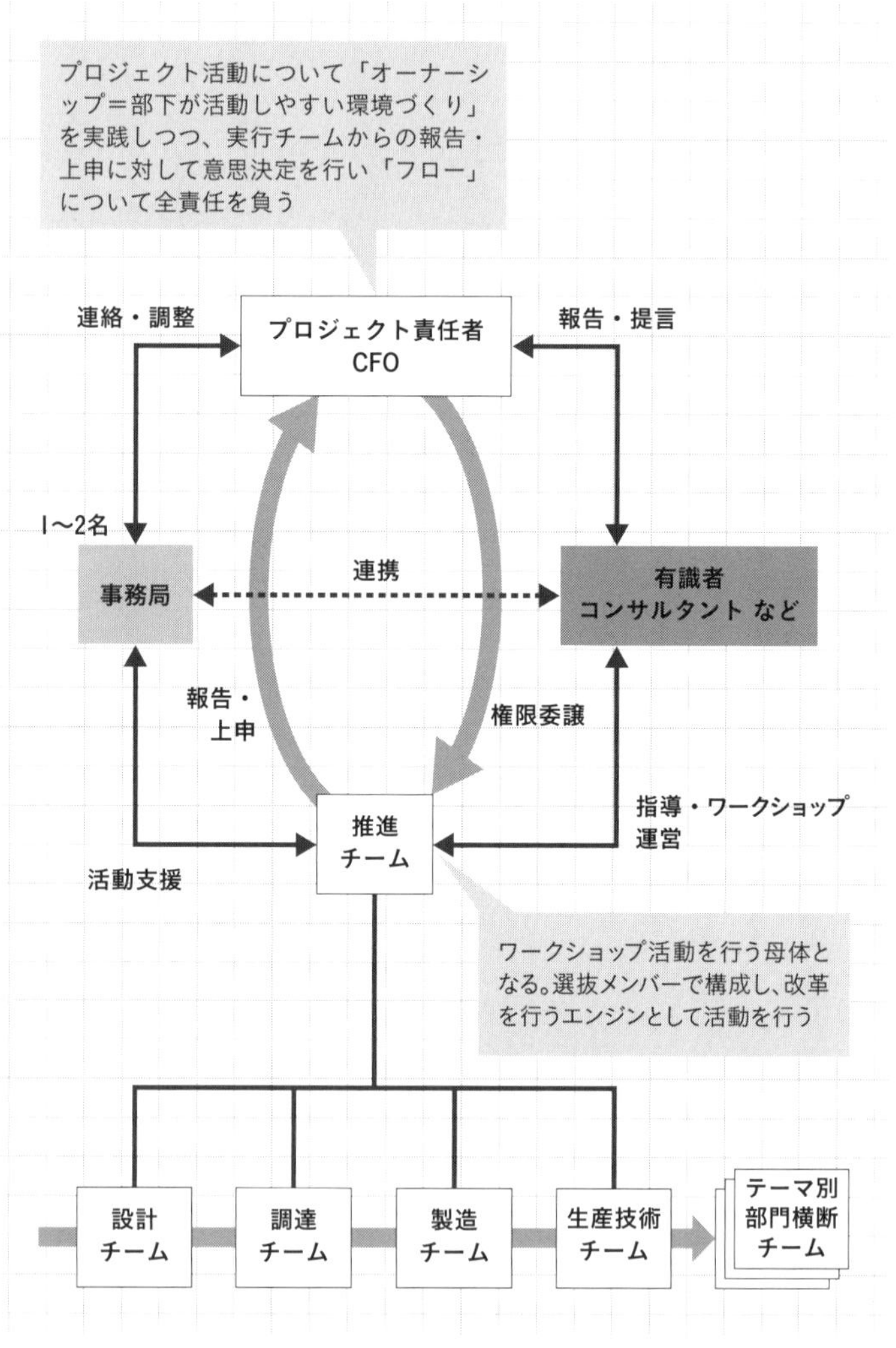
プロジェクト活動について「オーナーシップ＝部下が活動しやすい環境づくり」を実践しつつ、実行チームからの報告・上申に対して意思決定を行い「フロー」について全責任を負う
連絡・調整
プロジェクト責任者
CFO
報告・提言
1〜2名
事務局
連携
有識者
コンサルタント など
報告・
上申
権限委譲
推進
チーム
指導・ワークショップ
運営
活動支援
ワークショップ活動を行う母体となる。選抜メンバーで構成し、改革を行うエンジンとして活動を行う
設計
チーム
調達
チーム
製造
チーム
生産技術
チーム
テーマ別
部門横断
チーム

図表 43　推進体制とチーフ・フロー・オフィサー（CFO）

正しく受け止めつつ擦り合わせができ、スムーズに改革活動を進めることができます。

逆に、本音の議論ができないと、正しい情報が得られなかったり、本当は反対したいのにそれを表面に出せずに非協力的になったりして、結果的にあいまいな議論に終始し、目標達成を阻害してしまいます。本音の議論をすることで、改革・改善のアイディアを「自分のアイディア」であると感じる**「オーナーシップ」**をメンバーの心理の中に醸成し、改革活動を加速するというメリットも決して見逃してはいけません。

そして、共創ワークショップの最大の長所と言えるのが、活動メンバーの「心理的安全性」を担保できるということではないでしょうか。「心理的安全性」とは「他者の反応に怯えたり羞恥心を感じたりすることなく、自然体の自分を曝け出すことのできる環境や雰囲気のこと」を指します。

この心理的安全性が欠如すると、「あいつは無知だ」「あいつは無能だ」「あいつは我々の邪魔をしている」「あいつはネガティブな奴だ」などと思われるのではないかという不安にとらわれ、心の奥で考えていることに対して口を閉ざし、場の空気に合わせるようにしてしまうことが多くなるといわれています。これに対して、共創ワークショップの仕組みの中では、本音の明るい議論を通じて、**「やっていいんだよ」という、柔らかいメッセージを浸透させる**

ことがポイントになるのです。

タレントデベロップメントと知の蓄積を図る

一橋大学の野中郁次郎名誉教授は「知識」はわけのわからない資源だから、「どうやって組織的に知を生み出すか」ということを明確にしなければならないと指摘します。知をつくり上げる行為を、「人と人との関係性をマネージしながら、不完全な自分の思いや信念を実現し、正当化していくダイナミックなプロセスである」としているのです。

図表44は、同氏が提唱するナレッジマネジメントの考え方とゴールドラット博士の思考プロセスの3つの質問（何を、何に、どのように）を参考に構築した、共創ワークショップの活動フレームワークです。ワークショップ活動を継続することで、これらの能力がうまく発現されるようになります。何か問題や課題を見つけたとき、ワークショップ参加者が自ら主体となってサイクルを回し、改革を経験することによって、人を育て、知を蓄積することができるのです。

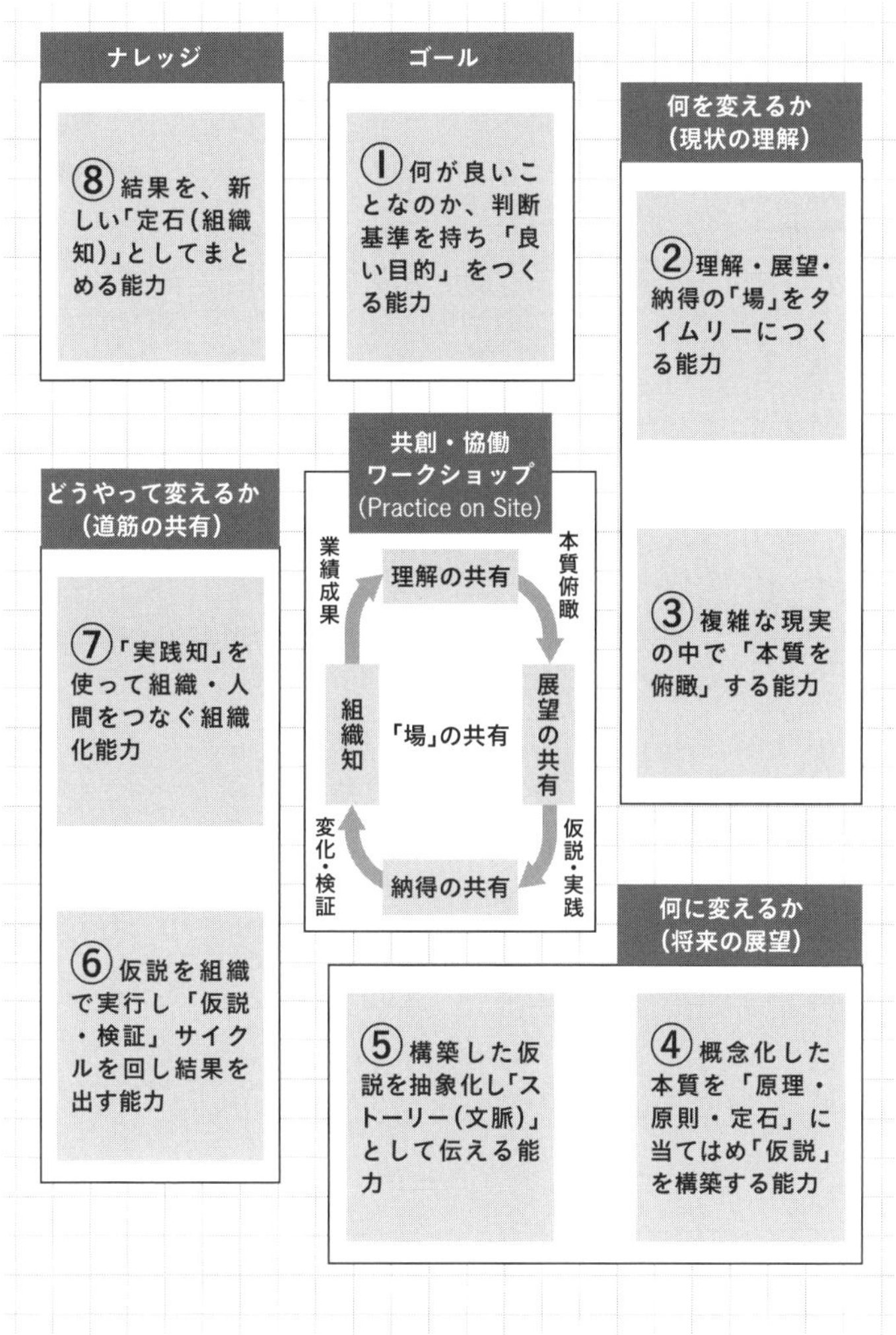

図表44　ワークショップの8つのはたらき

5

モノと情報の流れを革新する「ビジネス・フロー」

　ここまでは、組織を機動的に運用し（アクティベーション・フロー）、ナレッジマネジメントを実践する仕組み（ナレッジ・フロー）について紹介してきました。ここからは、実際のビジネスの速度を上げていく「ビジネス・フロー」の革新について考えていきます。

　ビジネスの流れを良くするとは、別の言い方をすれば「スループットの最大化」であり、その視点から言えば、**「川幅」を大きくする**こと、すなわち受注を促進して売上を上げることがまず求められます。そして次に、流れを安定させること、安定的に短いリードタイムで流れるようにするということが必要なのです。では、その2つを安定的に機能させるためにはどうすればよいのでしょうか？

ＬＡＭＤＡからＰＤＣＡへのコンバージョン

ダイナミック・フロー・マネジメントの特徴は、ＬＡＭＤＡサイクルとＰＤＣＡサイクルの2つのサイクルを組み合わせて、モノの流れをコントロールすることです。この2つのサイクルが交差するポイントでは、コンバージョン（Conversion）が発生します。コンバージョンとは、「変換」や「転化」といった意味で、フローを管理する上でカギとなります。

物理的なものづくりのフローをコントロールするにあたって、注目すべきなのは設計段階、つまり具体的に図面を作成する前と後の「壁」ともいうべきポイントです。知識から図面というモノに変わるこの部分は、ＬＡＭＤＡのナレッジ・サイクルからＰＤＣＡの物理的な計画サイクルにコンバージョンがなされるポイントです。

さまざまなものづくりの現場には、その現場に応じた**基本の「管理単位」**が存在します。製鉄所であれば、鉄鉱石から銑鉄《せんてつ》を生産する際は重量（トン）で管理されますし、フィルムなどのシート類は平方メートルなどの面積を表す単位が用いられることが多く、それらを使用した最終製品は枚・葉などの数量で管理されることが多くあります。

原料からデバイスを製造し、部品をユニット化し、最終製品をつくるというような、長いサプライチェーンでは、何度も管理単位が変わるコンバージョンのポイントが存在します。それぞれの管理単位は評価と連動しており、たとえば重量トン当たりで管理されれば、製造重量を最大化するような行動で問題が引き起こされることも決して珍しくありません。

ＤＴＯ型のものづくりの場合、ＬＡＭＤＡサイクルからＰＤＣＡサイクルに変わるコンバージョンのポイントでは、管理単位が大きく変わることはありませんが、ＬＡＭＤＡサイクルで時間と工程を経ていくごとにあいまいさが減り、言語情報から図面や詳細な数値情報などへのコンバージョンが発生します〈図表45〉。

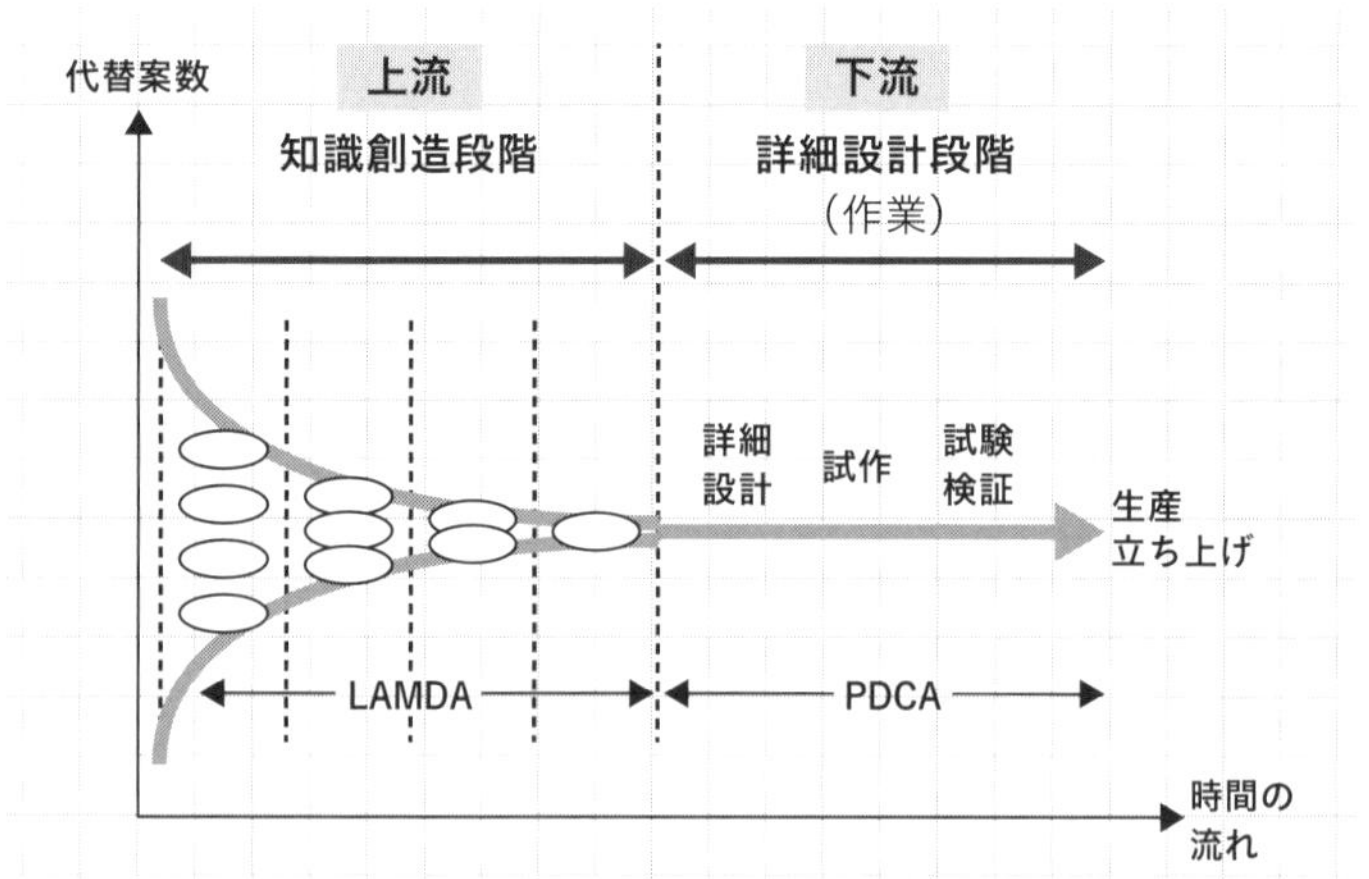

図表 45　上流段階と下流段階でアプローチを変える（再掲）

開発設計は、未知の部分の知識ギャップをできるだけ速く埋めて、設計情報を確定させ、LAMDAサイクルからPDCAサイクルへのコンバージョンを行い、図面化・部品化のプロセスを経て、製造へ引き継ぐ役割を担っています。

コンバージョンを「巨人の肩の上」で考える

DTO環境でのものづくりのコンバージョンを具体的に考えるに当たって、ゴールドラット博士の論文に当てはめて考えてみましょう。

博士は、TPSの適用が難しい理由として、今日の環境は製品需要・生産プロセス・工場負荷という3つの安定が得られない現実を指摘しました。そして、それに代わって、フローを改善するという共通の目的のために、次の「3つの仕組み」が必要だと指摘したのです。

1. つくり過ぎを防ぐブレーキのメカニズム（フォードはスペース＝仕掛り置き場を、大野耐一はかんばんを使った）
2. 部分的な効率を無視する評価システム（フォードは作業者が判断しない仕組み、大野は作業者と管理者が一体となって改善に取り組む仕組みを取り入れた）

3．フローをバランスさせる集中プロセス（フォードは直接生産現場を観察し、大野は部品コンテナの数の減り具合、コンテナ当たりの部品の減り具合を利用した）

これを「コンバージョンを実現するためのメカニズム」に変換すると、要点は以下の5つになります。それぞれ1対1の対応をするわけではありませんが、「3つの仕組み」はそれぞれ組み込まれています。

①あいまいさを排すこと

これは共創ワークショップの仕組みの中で、CFOや後述するコントローラーが中心となって対応します。関係者や有識者が集まり、場合によっては顧客をも巻き込んで事前の課題解決を行っていくのです。これにより、知識ギャップを明確にし、手戻りなどの「生煮え仕事」を減らし、フローの安定を指向します。

②評価がフローを阻害しないこと

人は評価されるように動きます。目標管理・予算管理などの統制は最低限にし、自部署・チームの都合や出来高を優先しないようにします。その上で、組織の階層はできるだけ浅くして、共創ワークショップの仕組みの中で心理的安全性を担保し、情報を開示・共有する仕組みが必要です。

③負荷を均《なら》すこと

ＤＴＯでは精緻な管理は向きません。シンプルで正常・異常がすぐに見えて理解できる、誰でも対策が立てやすい仕組みが求められます。具体的には、コンスタントＷＩＰ（２６９ページで詳述）と呼ばれる仕組みで作業の投入をコントロールし、後述するバッファ管理を実施します。

④全体（メイン）の流れとサブシステムが同期すること

メインの製造工程の進捗と、部品の納入や、合流してくるサブシステムが同期していることも大切です。リードタイムの長いＤＴＯの現場では、サブシステムの進捗と部材の納入が同期しないと、現場にモノが溢れたり、サブシステムの遅れでメインの流れが止まってしまったりします。これらが緩やかに同期することで、現場の混乱や手待ちによる工数の浪費を防止することが可能です。

⑤顧客納期を正しくつかむこと

そしてもう一つ、流れの同期にとても有益な情報が、顧客の「**真の納期**」です。多くの場合、顧客は納期にサバを読みます、そのサバがわかれば、設計や製造の負荷を均すための「調整しろ（スラック）」を確保することが可能になりますから、顧客を巻き込む際には、真の納期も含めてディスカッションすることが有効です。

売り方を革新する（マーケティング・セールスのあり方）

ビジネス・フローをよりよくする上で、営業部門の革新も重要なのは言うまでもありません。では、これら企業のマーケティングやセールスを担う部門で受注した案件は、どのように実際の物理的なフローに乗せてコントロールすればよいのでしょうか？

営業の役割は、顧客のニーズを素早く捉え、自社がすでに保有している既知の技術を最大活用した提案を行って、速やかに設計へ情報展開を行うのが理想です。しかし、個別性が高いＤＴＯビジネスは、個別性と同時に技術的な難易度も高いので、顧客のニーズに合わせてすべてを新規開発するのは、際限ないコストの積み上げにつながってしまいます。

スラック（Slack）　「ゆるみ」や「ゆとり」といった意味で、スケジュールを組む上での自由度のことを指す。たとえば、5日の期間に2日分の作業を計画することを考えた場合は、5（全体期間）−2（作業期間）＝3（スラック）となる。

すべてのお客様の「わがまま」に無限に応えることは、「顧客満足」という視点から見れば理想でも、限られた企業の経営資源から見れば現実的ではありません。無定見な御用聞きともいうべき営業は、コストのかたまりになる危険をはらんでおり、「やればやるほど儲からない」となる可能性が高いのです。しかし一方で、顧客のニーズを真摯に汲み上げて開発につなげ、自社の製品やサービスの価値を増大させ、差別化することも営業の役割の一つで、これはかつての高度成長期に日本企業がお家芸としてきたやり方です。

このように対立する考え方を踏まえて、DTOの営業は、どのように行動すればよいのでしょうか？

最近は、顧客の困りごとを解決するソリューション営業という言葉から、感動の経験を売るユーザーエクスペリエンス（UX）、そして顧客の成功を売るカスタマーサクセスという形で、顧客と長いお付き合いをしていこうという流れが加速しています。ポイントは「**自社の強みを顧客の問題解決にどう役立たせるか**」ということで、まさに自社と顧客のウィン・ウィンを実践する仕組みをどのように組み立てていくかが求められているのです。

今日では、1台1台の設備や装置を売る単品売りから、複数台をまとめてシステムとし、システムをさらにまとめた形で、工場まるごとのビジネスシステムにして売るという方向に発展してきています。

最近の大手電機メーカーが手がける社会インフラ事業などは、一つひとつの発電設備や鉄道車両を販売するのではなく、国や地域が必要とする社会インフラを、ハード製品だけでなく、運用やメンテナンスなどのノウハウなどもまとめて提案・受注していくことがトレンドになりつつあります。ここまで大きなビジネススケールではなくとも、1台の装置について、「受注して生産、納入して稼働、メンテナンスを実施し、役割を終え廃棄される」という製品のライフサイクルの中で、顧客の困りごとを解決するような提案をしていくことも活発に行われています。

設備メーカーであれば、顧客に納入した設備の稼働状況を常時監視して、必要に応じて消耗品を納入したり、メンテナンスの時期を正しく設定したりしてメンテナンスフリーを実現するという取り組みも行われています。これによって、設備が故障することなく24時間フル稼働でき、その役割を終えた後でも第三国へのリセールなどを提案することができるなら、ユーザーのメリットは計り知れないものがあります。

これらに共通する考え方は、顧客が感じる付加価値の源泉（接点）について、「製品の製造販売」から「市場や顧客の困りごとを解決する仕事」へと変えていくという、「**モノ売りからコト売りへの転換**」です。DTOのものづくりは、顧客の顔がはっきりと見えるところに特徴があります。ですから双方の利益につながるウィン・ウィンの長い付き合いが可能になるのです。

レバレッジ・ポイントという考え方

この思想を有効に機能させるために必要な視点が、「レバレッジ・ポイント（Leverage Point）という考え方です。レバレッジとは梃子《てこ》のことで、レバレッジ・ポイントは、梃子の支点を指します。ビジネスには、まさに梃子のように、わずかな力で全体を大きく変化させられるポイントが必ず存在します。もし「ビジネスに固有のレバレッジ・ポイント」を見つけ出せれば、企業の総力を挙げてそれに対処することで、顧客の利益を創出し、自社の競争優位を確立することができます。

たとえば、前出の社会イノベーション事業ならば、レバレッジ・ポイントは事業者の満足ではなく、社会インフラの受益者である私たち一般市民がどのような満足を得ることができるかが「レバレッジ」ということになります。

また、一般産業であったとしても、同様に「顧客の事業上のベネフィットや顧客の満足を上げる」という視点が重要なのです。試作用の部品を製造している会社ならば、顧客の開発スピードを向上させるような提案がレバレッジになりますし、アパレルなど売れ残りと欠品が同時に出るような業界の場合には、商品の補充頻度を高めて欠品を最小にし、過剰在庫を抑えられれば、顧客の利益は著しく向上します。

レバレッジ・ポイントとは、別の言い方をすれば、これまでのビジネスが顧客に強いていた「不満足」を解消するポイントのことでもあります。自社のさまざまな機能を「擦り合わせ」てレバレッジ・ポイントを攻略し、顧客の利益を創出することができれば、自社にも著しい利益がもたらされます。

市場や顧客は、あなたの会社の製品やサービスに対して100%満足していることは決してありません。QCD（品質・コスト・納期）はもちろんですが、それ以外にも多くの困りごとを抱えているはずです。

顧客のこういった状況は、顧客の不満や困りごとの根本になっている核心的な問題が存在し、その問題にライバルメーカーも対応できていないことを示しています。顧客の抱えている問題は、決して小さいものではありません。しかし、多くの企業では製品そのものにしか目を向けず、「本当に顧客にとって重要なもの」が何であるかが見えなくなっています。

本当に重要なのは、「顧客が自社の製品やサービスの価値をどう認識しているか」です。顧客が見る価値とは、製品やサービスを通じて、顧客の抱えている問題が解決され、どのような利益や利点がもたらされるかによって決まります。つまり、製品やサービスが解決する問題が大きければ大きいほど、顧客が見出す価値は大きくなり、自社はより大きな対価を受け取ることが可能なのです。

メーカーも製品を供給する立場として、顧客と協業しながら不満足を解消する取り組みを行うことこそがフローを改善し、平準化を実現する秘訣になるのです。

6 物理的なフローをどうコントロールするか

図表46は、DTOのものづくりフローの物理的段階を3つに分割したものです。

ダイナミック・フロー・マネジメントでは、アウトルック（探査）段階がとても重要です。この段階は、一般的には営業やマーケティング担当が顧客の情報を集め、ニーズを明確にして、提案を実施していくプロセスです。

しかし、ダイナミック・フロー・マネジメントの探査フェーズでは一歩踏み込んで、有識者・関係者が一堂に集まり、受注確度の高い案件に対して顧客価値を確認し、知識ギャップを明確にして、「どの程度、既存技術を流用して使えるのか」「逆にどのような要素技術開発が必要になるのか」を具体的に話し合います。

たとえ既知の技術であっても、それが担当者の個人ノウハウに留まっていて、組織知になっていない場合は極めて多いでしょう。そこで、探査フェーズでこうした話し合いを設けることによって、担当者同士のクローズドであいまいな情報の流れを廃し、**「チームで仕事を進めるベース」をつくることができる**のです。

共創ワークショップの中で、こうした運営がなされることにより、チームでＬＡＭＤＡサイクルを実践し、知識ギャップを明確にし、あいまいさを排し、流れを平準化して、日々の管理を実行する、ということを具体的に進めていくことができるのです。

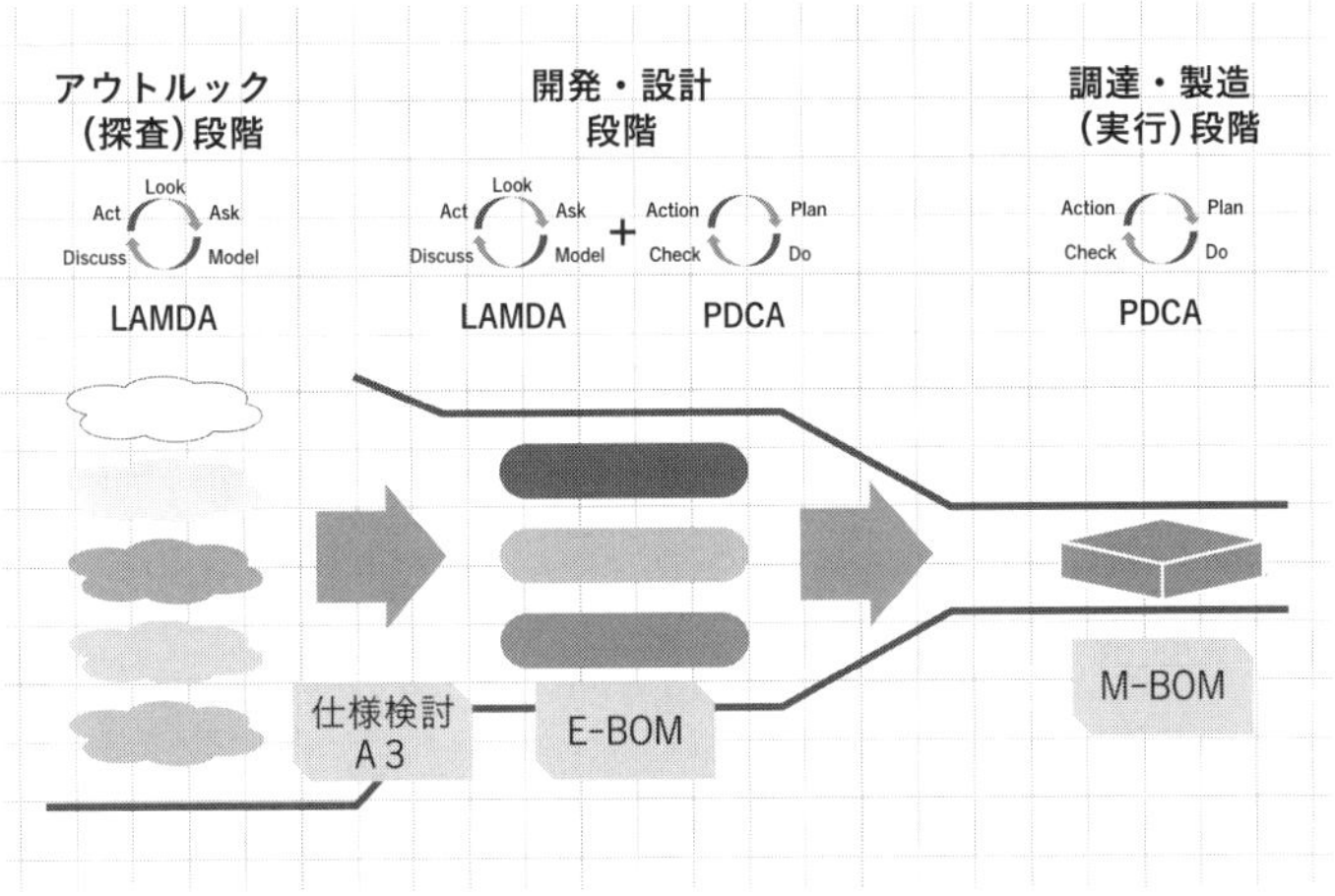

図表46　DTOのものづくりにおける3つの段階

ワークショップでの設計と調達、製造のつなぎ込み

すでに指摘したように、開発・設計といったナレッジワーク（知的業務）の中には、大変多くの手戻りやトラブルといった「生煮え仕事」があります。そういったトラブルが、エースと呼ばれる人への業務集中を招き、業務効率を大幅に低下させるのです。

DTOのフローでは、さらに強烈な個別最適のパラダイムが回っているケースが珍しくありません。多くの場合、製造数が少なく個別性が強いがゆえに、営業が入手した情報は、直接、設計開発部門へ、ひどい場合には直接、担当者へ伝達されるのが一般的です。しかし、この「個人から個人へ」という担当者だけしか知らない情報の流れが、あいまいなスタート、コミュニケーションや意思決定のミスを引き起こし、誰もフローをコントロールできていないという大きな問題を引き起こしているのです。

図表47は、アウトルック段階から、開発・設計段階、調達・製造段階の大まかなフローと完成度を表したものです。多くの企業では、「現状」として示した点線のようなことが起きているのではないでしょうか。仕様が決まらず後ダレし、不十分な情報で出図して手配ミス、

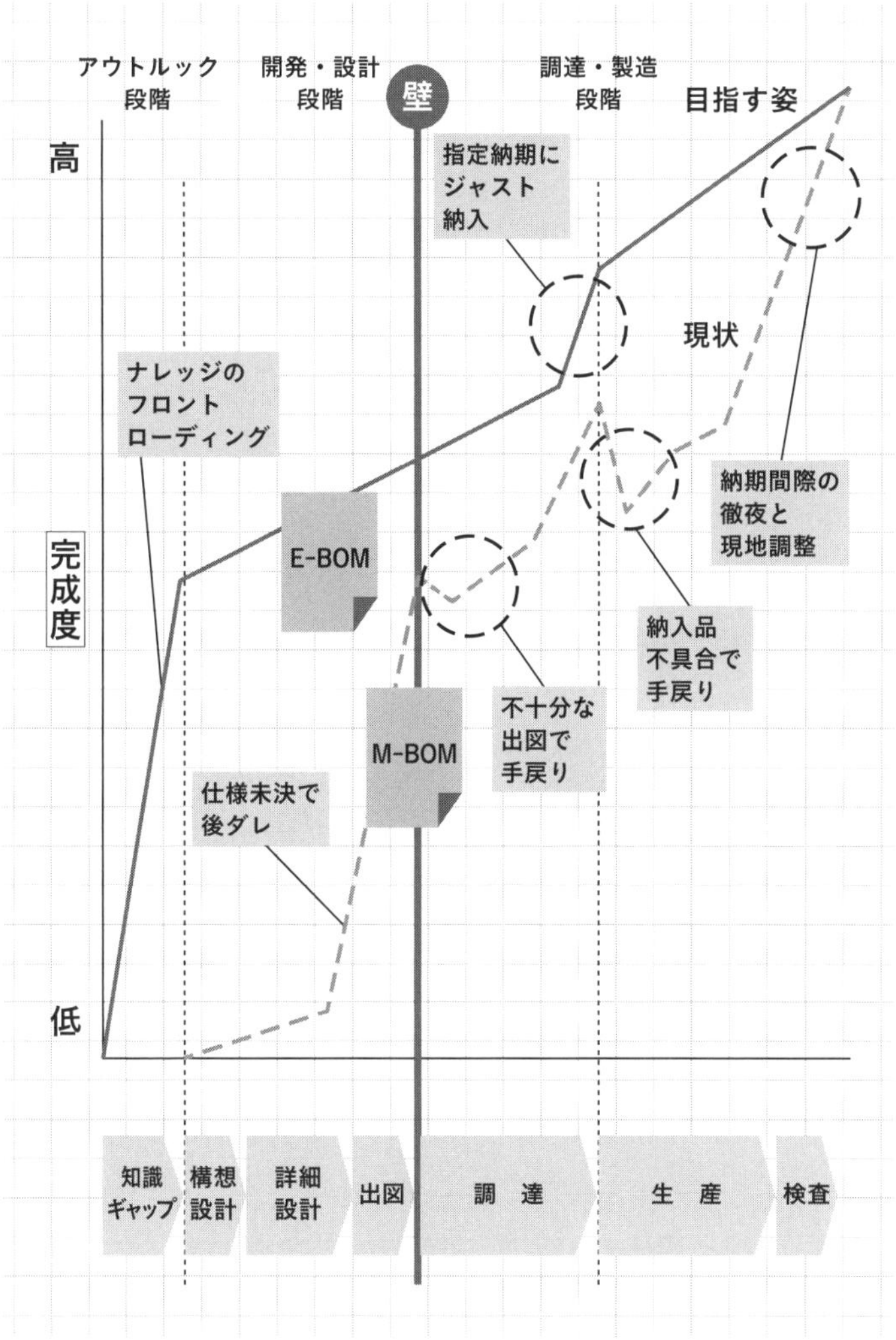

図表 47　各段階の大まかなフローと完成度

納入品不具合、組立不可能で現地調整……などなど、現場にそのしわ寄せが来ることになるのです。

特に部品調達をめぐっては、製造用の部品表があいまいなため、長い組み立て期間の冒頭に部品納期が集中して設定されたりします。このため、現場に部品が散乱し、物探しや管理に膨大な工数が必要になったり、部品が放置され、劣化が発生して再度手配をしたりするようなことすらあるのです。

こうならないためのキーワードは「見える化」と「事前課題解決」です。すなわち、あらかじめ「何がわからないのか」という、知識ギャップをチームで共有して、組織でフローをつくり上げていくことがポイントになります。

アウトルック段階――フローの起点は「知識ギャップ」から

アウトルック段階の一番の狙いは、「あいまいさの排除」です。前述したように、フローを決めるためには、まず顧客が何を望んでいるかを起点に、どのようなものをつくる必要があるのか、そのために何を知っていて何を知らないかという「知識ギャップ」を明確にします。

「わからないことがわからない」という、知識ギャップすらあいまいな状態では、フローを定義できません。ですから、第一に、関係者や有識者が集まって知識ギャップを抽出し、それに答える形であいまいさを潰し、仮のフローを定義していくのです〈図表48〉。

ここで定義されるフローは、もちろん暫定・仮のものですから、その後に変わることもあります。しかしここではまず、起点という意味合いで、関係者一同が「まずはこれでいこう」と合意したフローを設定することが重要です。そのためには、まず「何を達成しようとしているのか（＝ゴール）」を明確にします。

当たり前のように思えますが、意外と私た

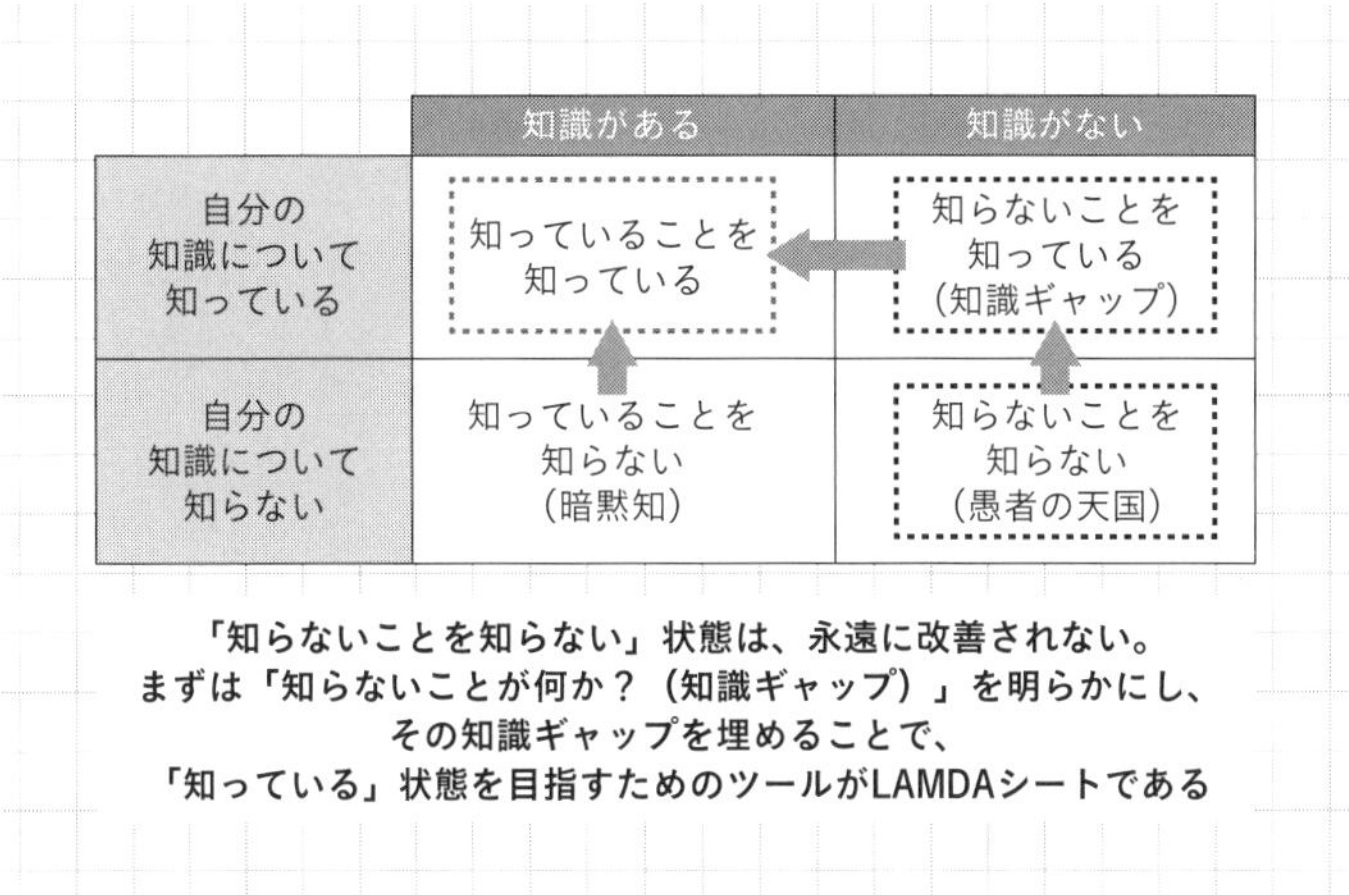

	知識がある	知識がない
自分の知識について知っている	知っていることを知っている	知らないことを知っている（知識ギャップ）
自分の知識について知らない	知っていることを知らない（暗黙知）	知らないことを知らない（愚者の天国）

図表48　知識ギャップを明らかにすることが解決の第一歩

ちは**「わかったつもり」になって済ませてしまい**、やり直し作業が発生したり、あるいは本来やらなくてもよい余計な作業までやってしまったりすることがあります。これらは、どの現場でも必ずと言っていいほど耳にする、まさに典型的な認知バイアス、仕事のトラブル・遅延に直結する大きな「ムダ」だと言えます。

こうした事態を防ぐために、アウトルック段階で、まずは達成しようとする「ゴール」を見える化する必要があるわけです。その際にお勧めするのは、図表49に示した「ODSC」形式です。一般的なプロジェクトマネジメントでも使われ、ゴール設定にまつわる情報を整理することができるので、とても便利

目的（Objective）

S-DBR 手法を活用して、納期を安定して守れる体制をつくり上げる

成果物（Deliverable）

バッファ管理のやり方の詳細（負荷管理・投入管理）が合意されている
バッファ会議の進め方について、議事が明確になっている
その他問題点の検討の手順が合意されている
バッファの状況が日々モニターされている

成功条件（Success Criteria）

赤バッファ（後述）が 5〜10 以内に減少するための道筋が見えている
リードタイムが 30％以上短縮されている

図表 49　ODSC 形式でのゴールの定義例

です。具体的には、次の3つの要素でゴールを定義・明確化します。

- Objective（目的）
- Deliverable（成果物）
- Success Criteria（成功条件）

このような形で、目指すべきゴールを「見える化」し、関係者全員で合意・共有をすることが重要です。

知識ギャップ・ミーティングからLAMDAシートを作成する

わからないことはわからない、しかし、このわからないという「知識ギャップ」からこそ、技術のコミュニケーションは始まります。

アウトルック段階は、そもそもあいまいなことを明確にするフェーズですから、その意味では、できるだけ早い段階で知識ギャップを明確にして、「わかったつもり」から発生する認知バイアスを防止することが重要です。

そのために、すぐには答えが出ない質問（知識ギャップ）に対して、答えを見つけるための行動（アクション）を決める構造を持たせたツールが、図表50に示したLAMDAシートです。これを使うことで、「ここを解決しないと開発業務に支障をきたし、製品化に失敗する」という重点ポイントを明らかにすることができ、いつまでに・誰が・どんな行動を取るのか、期限と担当者とアクションを具体的に決めることで、確実に行動を促すことができるパワフルなツールにもなります。

また、備忘録的に「見える化」のツールとして使うことも有効です。メンバーの疑問に答える形で情報を追加していくので、今すぐ役に立つ実践的なノウハウを共有でき、日常業務の忙しさから先延ばししていた業務知識の共有に役立ちます。その結果、目の前にある不明点を解決するとともに、チーム内にノウハウを蓄積していくことができ、A3によるナレッジマネジメントと併せてメンバーの多能工化を進めることができます。

実際の記入要領は、まずどんな項目（テーマ）についての質問なのか、最初にLAMDAシートの「Look（目的＝顧客関心事）」の欄に記入し、質問を「Ask（質問）」へ記入します。チーム内で議論して、質問への回答のためにどのような行動を取るかを「Model（行動）」に

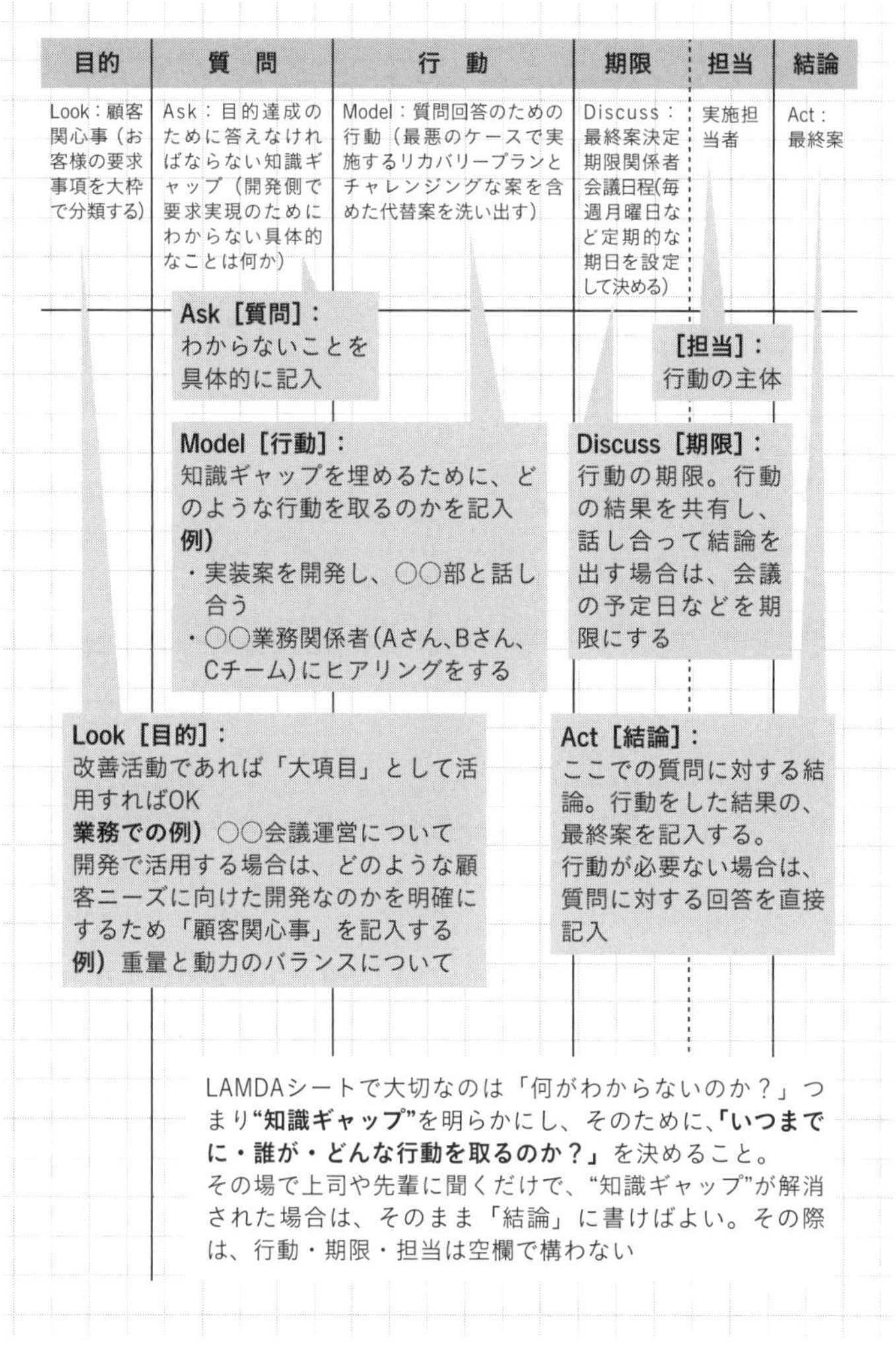
目的
質　問
行　動
期限
担当
結論
Look：顧客関心事（お客様の要求事項を大枠で分類する）
Ask：目的達成のために答えなければならない知識ギャップ（開発側で要求実現のためにわからない具体的なことは何か）
Model：質問回答のための行動（最悪のケースで実施するリカバリープランとチャレンジングな案を含めた代替案を洗い出す）
Discuss：最終案決定期限関係者会議日程(毎週月曜日など定期的な期日を設定して決める)
実施担当者
Act：最終案
Ask［質問］：
わからないことを具体的に記入
［担当］：
行動の主体
Model［行動］：
知識ギャップを埋めるために、どのような行動を取るのかを記入
例）
・実装案を開発し、〇〇部と話し合う
・〇〇業務関係者(Aさん、Bさん、Cチーム)にヒアリングをする
Discuss［期限］：
行動の期限。行動の結果を共有し、話し合って結論を出す場合は、会議の予定日などを期限にする
Look［目的］：
改善活動であれば「大項目」として活用すればOK
業務での例）〇〇会議運営について
開発で活用する場合は、どのような顧客ニーズに向けた開発なのかを明確にするため「顧客関心事」を記入する
例）重量と動力のバランスについて
Act［結論］：
ここでの質問に対する結論。行動をした結果の、最終案を記入する。
行動が必要ない場合は、質問に対する回答を直接記入
LAMDAシートで大切なのは「何がわからないのか？」つまり“知識ギャップ”を明らかにし、そのために、「いつまでに・誰が・どんな行動を取るのか？」を決めること。
その場で上司や先輩に聞くだけで、“知識ギャップ”が解消された場合は、そのまま「結論」に書けばよい。その際は、行動・期限・担当は空欄で構わない

図表50　LAMDAシートによる知識ギャップの管理

記入し、いつまでに完了するのか、担当者が誰かを「Discuss（期限・担当）」に記入します。そしてModelの結果、抽出された結論を「Act（結論）」に記入します。

質問にその場で回答ができる場合は、直接「Act」欄に記入しますが、その場合は「Model」「Discuss」は空欄で構いません。また、その場で誰か（有識者や上司・先輩）に聞くだけで知識ギャップが解消された場合も同様です。

タスクバラシで業務の質と量を見える化する

ＯＤＳＣでゴールを設定し、ＬＡＭＤＡシートによって知識ギャップが明確になれば、次は「**タスクバラシ**」によって、ゴール達成に「必要なタスク」と「それらタスク間のつながり」の2点を明確にしていきます。いよいよここからが、ＬＡＭＤＡサイクルからＰＤＣＡサイクルへのコンバージョンの具体的な手順を見ていくセクションになります。

まずは「必要なタスクの洗い出し」についてです。すらすらと何の苦もなくタスクが出せるようであればよいのですが、ＬＡＭＤＡシートを作成して知識ギャップが明確になっていたとしても、タスクを具体的に設定できないことは決して珍しくありません。

そのようなときには、いきなりタスクを列挙しようとするのではなく、まずはもう一度ＬＡＭＤＡシートを眺めながら、「担当者が、何をすれば最終的な目的を達成できるかの筋道がわかるような状態」になっていることが必要です。要するに、ＬＡＭＤＡサイクルからＰＤＣＡサイクルに転換するためには、タスクをできるだけ具体化・詳細化して、業務の「質」と「量」を見える化していくことが重要なのです。

バックワード工程表のつくり方

タスクが列挙されたら、次は「**タスク間のつながりの明確化**」です。ここでは、前項で得られたタスクの間の依存関係を見出してマップ状にし、ゴールまでの仕事の流れを明確にして、必要な作業を最適な順序で割り付けます。

具体的には、目指す状態に対して、「この直前にやらなければならないことは何ですか？」と質問し、必要な作業を割り出します。作業を矢印でつないだ後「それだけで十分ですか？」とさらに問いかけて、作業の抜け落ちを防ぐのです。もしも不十分な場合は、作業を追加して矢印でさらにつないでいきます。ここでは面倒くさがらずに、タスクの「つながりをつける」ところまでやらなくてはいけません〈図表51〉。

実は、ここは意外な落とし穴で、タスクの列挙まではできるものの、あらためてそれらの依存関係をつけるとなると、できない場合が多いのです。これをそのままにしておいて「わかったつもり」になって開始してしまうと、実務をスタートしてから頻繁な「ストップ・アンド・ゴー」を繰り返すことになってしまいます。

このタスクバラシとバックワードでの計画立案で重要なのは、アサインされた担当者がタスクを実行する際にもう一度悩んで、LAMDAサイクルに逆戻りするようなことがないように、具体的にタスク出しをするという

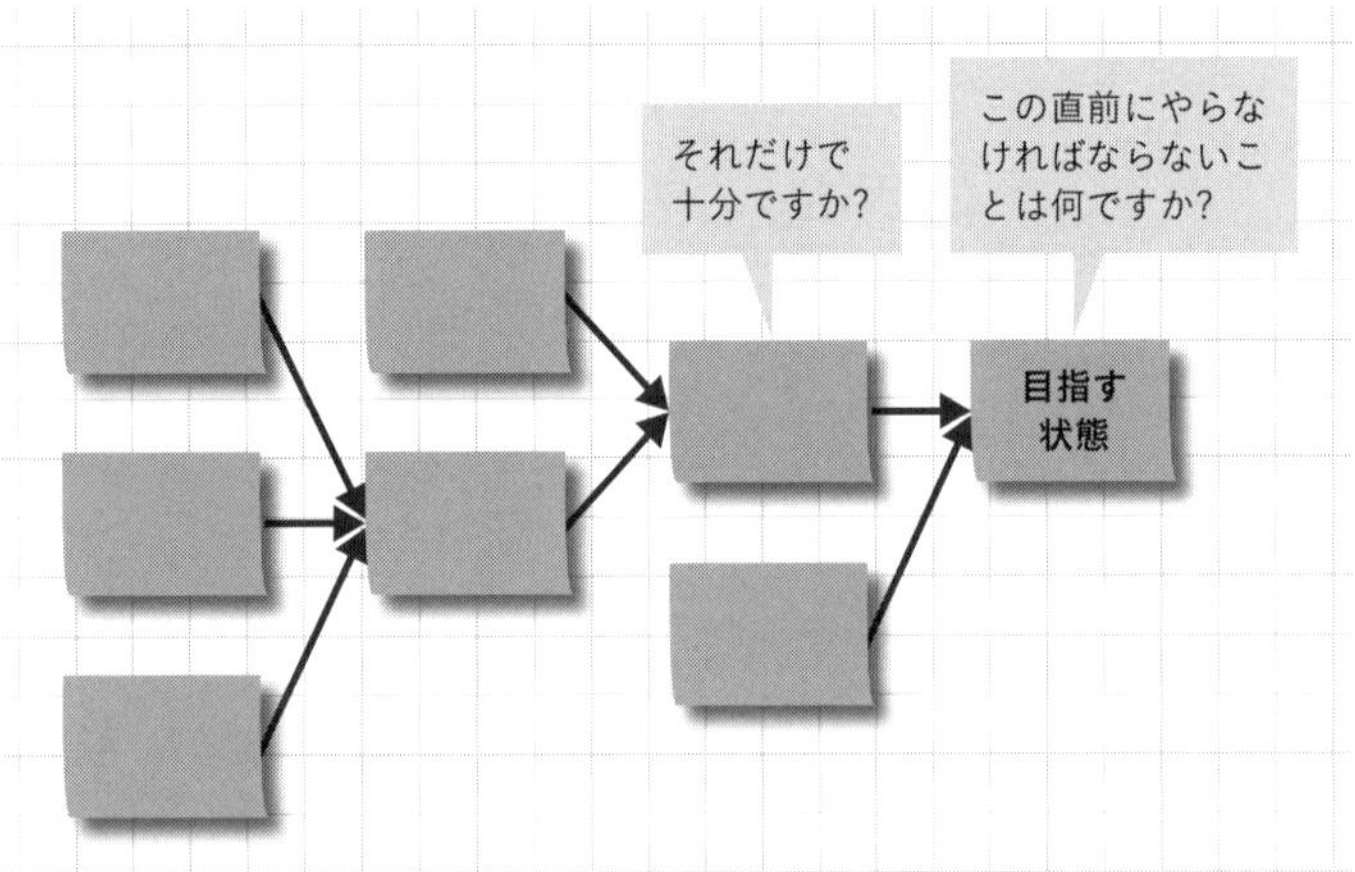

それだけで
十分ですか?
この直前にやらな
ければならないこ
とは何ですか?
目指す
状態

図表51　目指す状態を基にバックワード工程表をつくる

ことです。

このプロセスでは、タスクをブレイクダウンするために、必要に応じて当該内容に知見のあるメンバーのサポートも得ながら進めることがポイントになります。このような理由から、タスクは最低1日以下、できれば半日以下のサイズまでバラすことを目指してください。

仕事の見える化――チームマネジメントの実践法

次は、開発・設計部門などのナレッジワークでのチームマネジメントの実践方法です。

チームマネジメントは、チームメンバーの日々の仕事を可視化し、人と組織をつなぎ、困りごとやトラブルに関してチーム内で助け合うことを目的としています。

もちろん、チェックを行う「管理の仕組み」をつくることではなく、チーム内で相互理解や信頼をつくり上げることが狙いですから、ファーストステップはチーム内の業務の状況を「見える化」することから始めます。具体的には、次ページ図表52の「タスクボード」と「スタンドアップミーティング（朝会）」を実践することになります。順番に見ていきましょう。

タスクボードとは、チーム内での作業タスクの確認・共有などを目的とした「強制コミュ

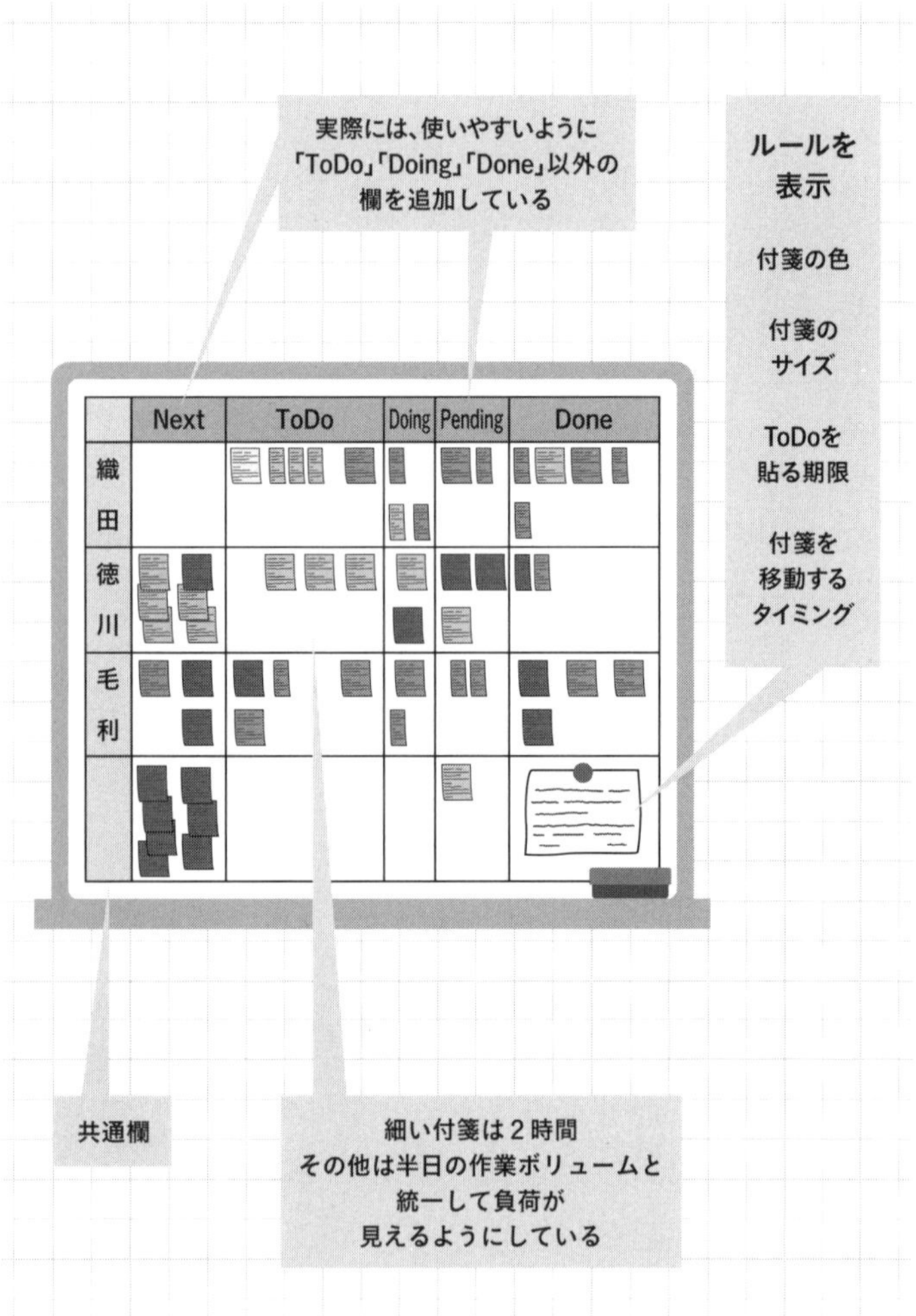
実際には、使いやすいように
「ToDo」「Doing」「Done」以外の
欄を追加している
ルールを
表示
付箋の色
付箋の
サイズ
ToDoを
貼る期限
付箋を
移動する
タイミング
Next
ToDo
Doing
Pending
Done
織田
徳川
毛利
共通欄
細い付箋は２時間
その他は半日の作業ボリュームと
統一して負荷が
見えるようにしている

図表 52　タスクボードの例

ニケーション」の方法です。タスクボードは、その週の予定タスクを貼る「ToDo」欄、本日実施するタスクを貼る「Doing」欄、完了したタスクを貼る「Done」欄を設定して運用します。

朝会は、毎日15分程度、チーム内でのタスクの進捗や確認を行うことによって、タスクの裏に潜む問題や課題をチーム内で共有することを目的としたコミュニケーションの方法です〈図表53〉。

実際のチームマネジメントでの運用は、メンバーが週に1回、自分の1週間分の作業タスクを1日未満（おおむね半日から2時間程度）に分解して計画し、付箋に記入し、タス

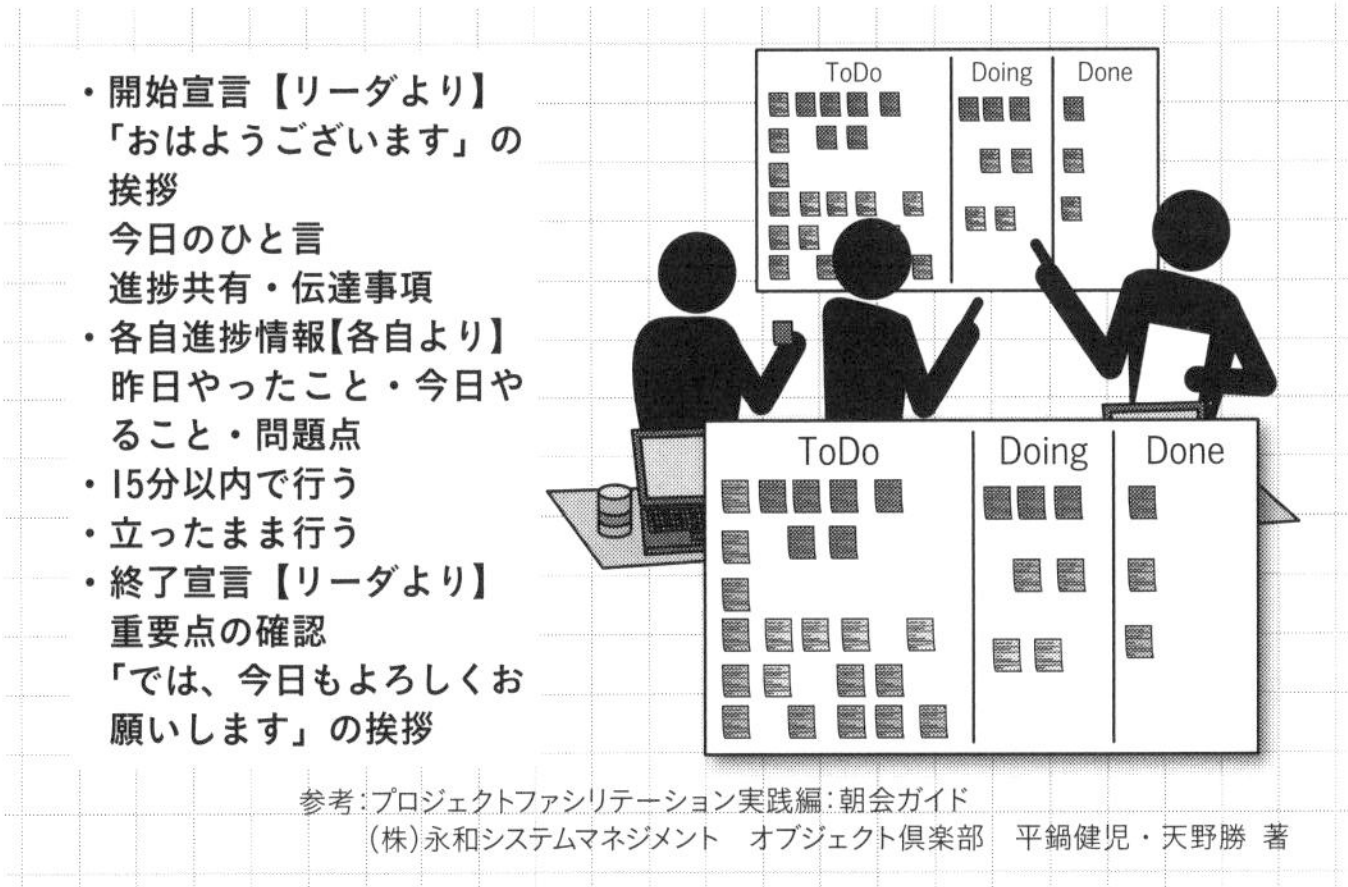

・開始宣言【リーダより】
「おはようございます」の挨拶
今日のひと言
進捗共有・伝達事項
・各自進捗情報【各自より】
昨日やったこと・今日やること・問題点
・15分以内で行う
・立ったまま行う
・終了宣言【リーダより】
重要点の確認
「では、今日もよろしくお願いします」の挨拶

参考：プロジェクトファシリテーション実践編：朝会ガイド
(株)永和システムマネジメント　オブジェクト倶楽部　平鍋健児・天野勝 著

図表53　スタンドアップミーティング（朝会）のイメージ

クボードに貼り付けます。その上で、毎日の朝会で、付箋を移動させながら、立案した計画に対して進捗状況や問題点をチーム内で共有し、迅速に問題を発見して解決するというのが基本の流れです。

付箋などに記載されたタスクをボードに貼り、それぞれ移動しながら朝会で共有することで、タスクの進捗やチームメンバーの状況を可視化し、仕事は順調に進んでいるのか、何か疑問点やトラブルはないかという「正常・異常」を簡単に共有することができます。こうしてチームで異常を検知し、疑問点に対応することで、正しいタスクを定義することが可能となり、知識ギャップを埋め、手戻りを防止することができるのです。

しかし、タスクを可視化するだけで改善できる問題は決して多くはありません。ですから、この段階では、日々のチームマネジメントにおけるさまざまな問題（UDE：Un-Desirable Effect）が具体的に表出していると捉えて、どうやって具体的に改善するかを考える必要があります。したがって次の段階では、タスクボードによって表出した問題を解決するために、**「何を変えるか、何に変えるか、どうやって変えるか」という問題解決の基本手順**に当てはめて、共創ワークショップの仕組みの中で取り組んでいくのです。

タスクボードで負荷も見える化する

複数のタスクを掛け持ちするマルチタスキングには、「良いマルチタスキング」と「悪いマルチタスキング」があります。

「良いマルチタスキング」は、実行中のタスクを止めて別のタスクに切り替えることで、その完了（および当該プロジェクトの完了）を早めることができる場合です。一方「悪いマルチタスキング」は、複数のタスクを切り替えながら進めることで、全部のタスクやプロジェクトが遅れてしまう場合を指します。あるタスクを開始して、完全に終わらないまま別のタスクに切り替えるようなやり方です。このような事態は、タスクの優先順位が不明確で、あいまいな場合に多く発生します。

私たちが撲滅したいのは、この「悪いマルチタスキング」ですが、これはタスクボード上に貼られた、担当者の「Doing」欄に不可能な数のタスクが貼られていることで明らかになります。なぜなら、一度に抱えるタスクの数が増えるほど、それらの優先順位が不明確になりやすく、何とかすべてを進捗させようとして、多くのタスクを「Doing」欄に貼り付けてしまうからです。このため、「Doing」欄に貼るタスクの数を制限し、負荷をコントロールして遅れを防止する必要があるのです〈図表54〉。

さらに、負荷を管理して当日中に完了が可能な量であっても、複数のタスクが設定される場合は、それらの優先順位を明確にしておくことも重要です。

当初は予定していなかった緊急業務や不具合対応などの割り込みはどうしたらよいでしょうか？　このような場合、担当者はあらかじめ計画されていた実行中のタスクを区切りのよいところまで実施してから中断し、不具合対応タスクに切り替え、完全に終わらせてから元のタスクに戻るようにすることが基本になります。

チームマネジメントのポイント

もちろん、マルチタスクを減らしても、やらなければならないタスクそのものが減るわけではありません。したがって、マネジャーは日々の朝会や振り返りの中で、負荷がオーバーしている状況を助け合いながら調整することはもちろんのこと、「生煮え仕事」を減らし、工数を生み出す取り組みが求められます。

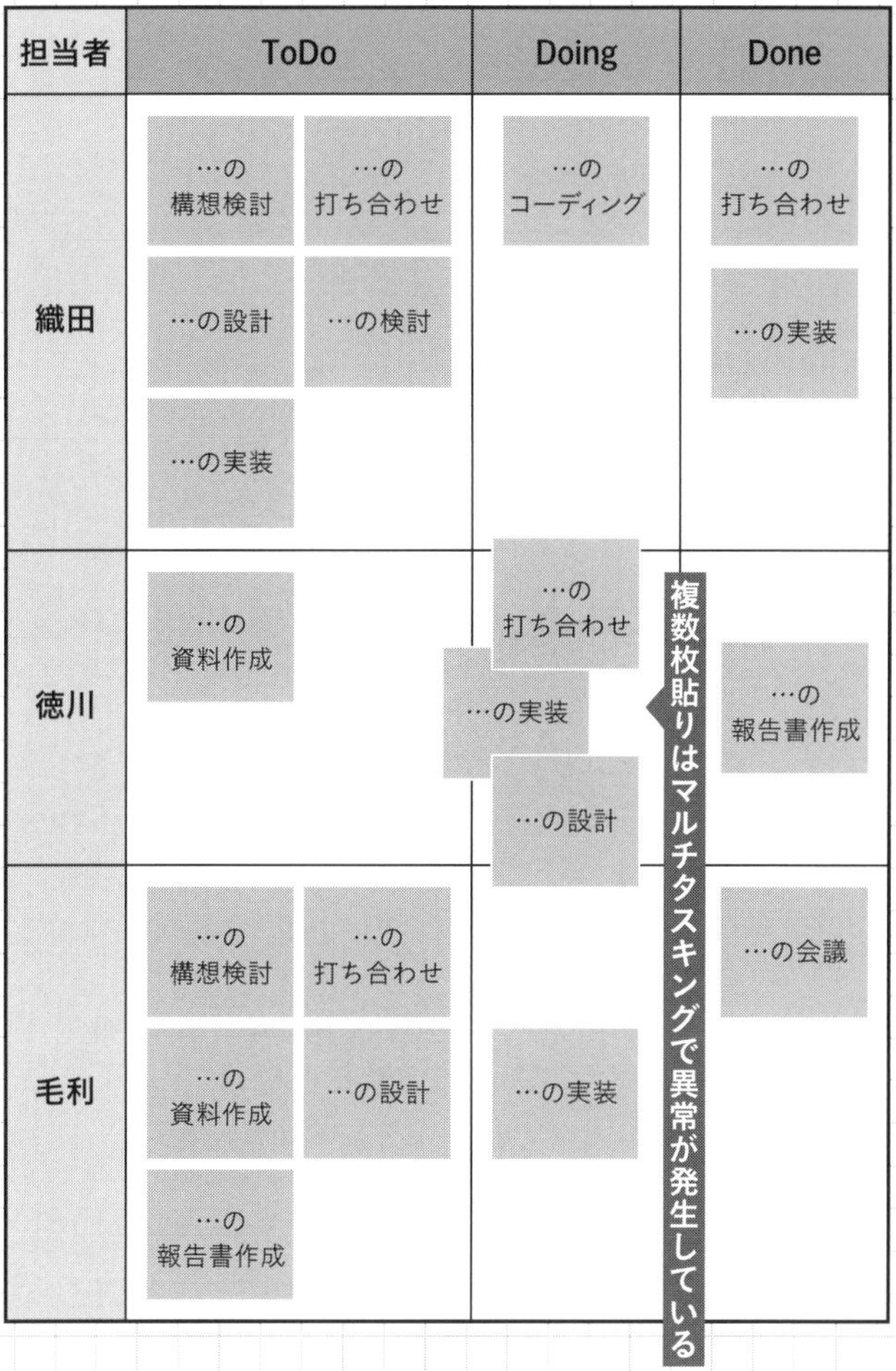

図表 54 「悪いマルチタスキング」を可視化する

現状を可視化する中では、「計画外タスク（飛び込みタスク）」がわかるような運用を行うことが重要です。計画外タスクとは、週次の計画で織り込まれず、他者や他部署からの依頼による飛び込みタスク、もしくは自身の計画漏れによって途中で飛び込んできたタスクを指します。

これらについては、週次の振り返りで計画外タスクの発生原因（種類・発生場所など）を明確にして、**KPT（良い点：Keep、問題点：Problem、改善案：Try）**で切り分けて考えることで、問題のポイントや構造が見えてきます。問題点については、解決策が明確で改善できるものから順次解決していきます。こうして、週間のKPTサイクルを繰り返していくと、どうしても改善できない根の深い問題が浮き彫りになってきますから、ワークショップで改善策をチームで検討して、計画的に改善します。

こういったチームマネジメントの取り組みによって、前述のように、「生煮え仕事」の半分、総労働時間の20％程度の工数が削減されることも決して珍しくないのです。

7

調達・製造段階（ものづくりの実行）の仕組み

ここからは、現場で実際に製品を流していく仕組みを検討します。これ以降は、設計から出図された情報が、物理的にモノとして流れる段階ですが、どうやってLAMDAサイクルをPDCAサイクルにコンバージョンすればよいのでしょうか？

個別性が強いDTOの生産の場合、毎月の受注量・生産量が安定せず、忙しい時期と暇な時期との差が激しいという特徴があります。また、見込み違いや納期変更も多く、工場の操業計画が立てにくい一面があります。そのためオペレーターの手余り・手不足が発生しやすく、時には目いっぱいに残業を行っても納期遅れが発生することもあります。

このような状況ですから、現場の手空きや、ピーク時の工数不足を防ぐために、「着手できるオーダーはできるところまで進めておきなさい」という指示が出されることが一般的です。こうなると、工場のフロアには仕掛ったオーダーが所狭しと並び、極端な場合、どこに何があるのかわからないということになります。

また現場での作業も、繰り返し型の製造業のようなわけにはいきません。なぜなら、つくるモノが一品ごとに違うわけですから、現場の作業者も基本的にはすべてが初見になるからです。そうなれば、当然ですが図面と首っ引きで作業し、わからなければ設計や営業に問い合わせるなどの確認作業が多くなります。現場の作業者が専用内線電話を持っていたりすることも珍しくありません。

さて、ここで思い出していただきたいのは、オペレーション・マネジメントの基本サイクルです。生産（業務）統制＝Production(Operation) Controlとは、効率的な生産活動を実施するために、目標と実施結果の「測定」「評価」をし、差異（逸脱）が発生している場合には、それに対して適切な「判断」と「処理」を講じることです。この機能は、かんばん方式にもDBRにも組み込まれていました。そこにどう学ぶべきか考えてみましょう。

具体的には、239ページで説明した、「③負荷を均すこと」「④モノの流れを同期させること」を実践することがポイントになります。

生産計画立案とＷＩＰの適正化

計画立案の詳細プロセスを見ていきましょう。ＤＴＯの生産計画は、基本的に個別受注設計生産で新規性が高い作業ですから、いわゆるプロジェクト業務と同じように、統計的なばらつきだけではなく不確実な特性を持っていると考えることができます。

ということは、それぞれの個別作業を細かく分割して、作業時間を正確に見積もって、工程内のボトルネックを特定することは非常に困難であることが予想されます。逆に、無理矢理に細かくすればするほど、管理は難しくなるのです。ですから、ＤＴＯの生産計画については、かんばん方式のような精緻な管理は難しいということがご理解いただけると思います。このような状況でまず実現すべきは、「どのように負荷を均してフローを安定させるか」を考えることです。

ここではシンプルに、「現場に常に同じ数だけ仕掛りがある状態」をつくると考えてはいかがでしょうか？　常に同じ数ということは、一つのオーダーが完成したら、次のオーダーに着手するようにするのです。そうすれば、現場には常に一定数が流れることになりますから、すなわち平準化された生産ということになります。

要するに、ゴールドラット博士がTPSの肩の上に立ってTOCを考えたように、しょせんDTO生産では精緻な計画を立てることはできないのですから、現実をしっかり観察して、「完成した分」だけ投入すればよいと考えるのです〈図表55〉。なぜなら、DTOのものづくりでは、1000個や1万個といったオーダーがあるわけではなく、せいぜい数十の単位でオーダーが流れるため、一つずつストップ・アンド・ゴーを繰り返しても、大きな手間はかからないからです。

これはコンスタントWIP（Work in Process）と呼ばれ、TOCのプロジェクト管理などで一般的に用いられています。

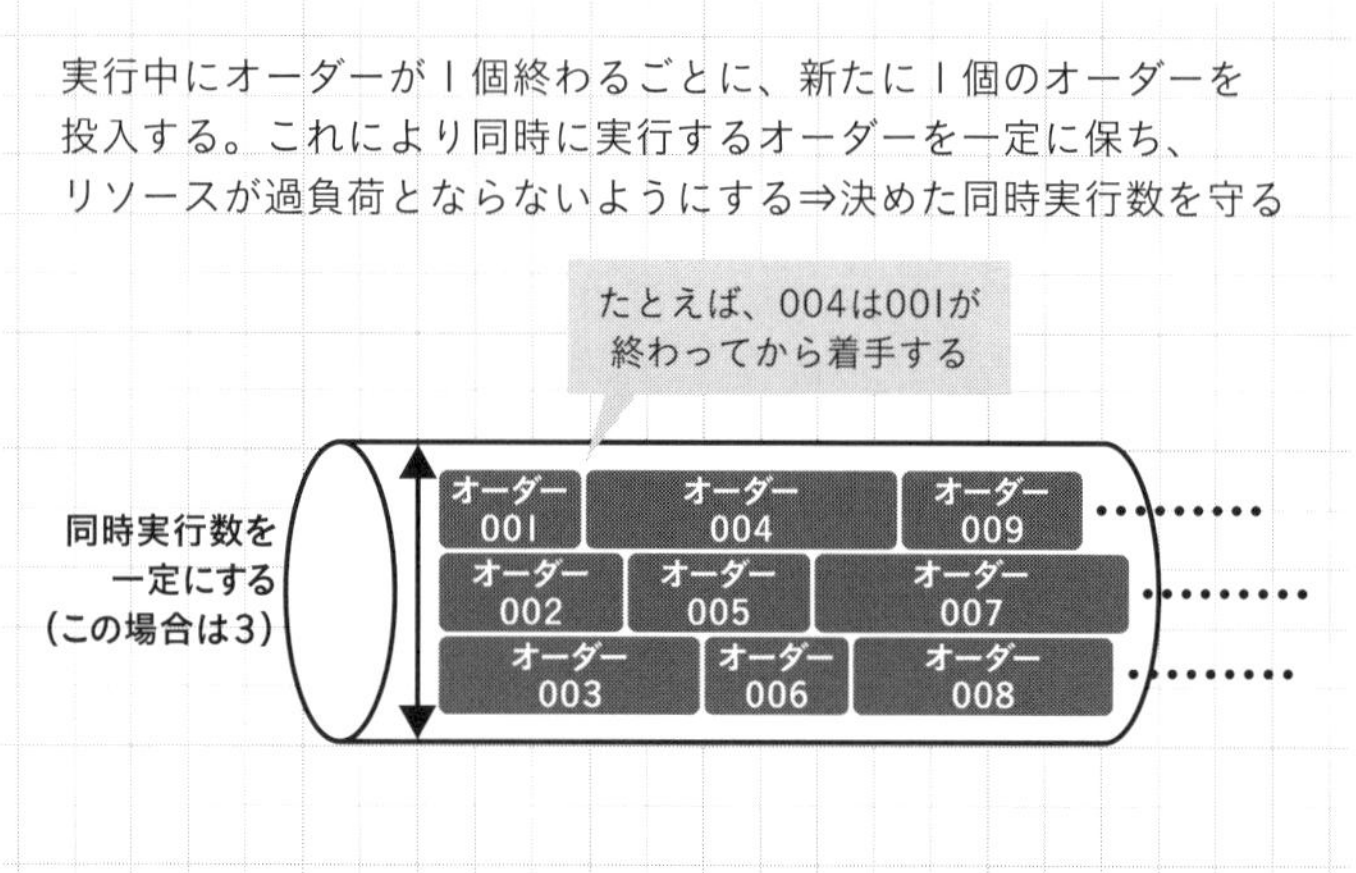
実行中にオーダーが1個終わるごとに、新たに1個のオーダーを投入する。これにより同時に実行するオーダーを一定に保ち、リソースが過負荷とならないようにする⇒決めた同時実行数を守る
たとえば、004は001が終わってから着手する
同時実行数を一定にする（この場合は3）
オーダー 001
オーダー 004
オーダー 009
オーダー 002
オーダー 005
オーダー 007
オーダー 003
オーダー 006
オーダー 008

図表55　コンスタントWIPの考え方

もちろん適正数を見積もるためには、同時並行で何台の車が通れるかという「道路の幅」を「あらかじめ」決める必要があります。もちろんこれも「詳細に」ということではなく「おおまかに」どの程度の能力があるのかという、アバウトな決め方でよいのです。

この「道路の幅」が決まれば、次はペースメーカーとなるボトルネック（ドラム）を決め、実際の投入計画を立案します。システム内に渋滞が生じない適切な負荷をキープすることが重要なのですが、現状の負荷をおおむね25％くらい減らして計画することを推奨します。

スケジュールを立案するポイントとなるペースメーカー（ドラム）ですが、ＤＴＯは負荷変動が大きく、繰り返し型の生産業務のように一番負荷の高いリソース（設備や工程）をペースメーカーとして計画するやり方が通用しません。しかし、ドラムは全体のペースを決める役割であり、どこかにドラムビートがないとペースを決めることができません。そこで、我々がよく行うのが、性能試験や仕様確認などの後半で「出荷まであとわずか」という工程をドラムにするということです。

こういったペースメーカーを「**仮想ドラム**」と呼びます。そして、この仮想ドラムを通る仮スケジュールを決め、プロジェクトが１つ仮想ドラムを完了するたびに、新しいオーダーを１つ投入します。そうすれば、オーダーの同時実行数を常に一定に保つことができます。

その他の方法としては、スペース（作業場所）をドラムにするやり方もあります。しかし、一般的にＤＴＯのものづくりでは、同時実行数を際限なく増やしてきましたから、現状の工場のスペースでは機能しません。場所を絞って一定数のオーダー以上は投入できないようにしてやる必要があります。

そして次に検討することは、投入の順番をどう決めるかです。投入順を決めるには、単純にオーダーの納期に従って、仮想ドラムのスケジュールをカレンダー上に並べていきます。もしもこのときに同時実行の制限数を超えたら、前に倒すか後ろにずらしながら同じことを繰り返します。この際、直前のプロジェクトとの間に適度な隙間（キャパシティバッファ）を入れて、前の遅れがそのまま後ろに伝播しないようにします。

先ほどお話ししたように、現状負荷の25％減でスケジュールを組めば、当然、適度な隙間を挿入することは可能なはずです。こうして仮想ドラムのスケジュールが決まると、今度はそれを起点にそれぞれのプロジェクトの投入予定日とバッファ込みの納期が定まります。

このように、仮想ドラムのスケジュールが決まれば、次の新しいオーダーがいつごろ投入できるか想定できるようになります。なぜなら、仮想ドラムの混み具合——要するに仮想ドラムの前の「**待ち行列**」がわかれば、いつごろ仮想ドラムを通過できそうかがわかるからです。また、仮想ドラムが出荷までのあとわずかの工程に設定されていれば、容易に出荷予定を見積もることもできます。

スケジュール立案のポイントは、繰り返しになりますが、100%で組まないことです。不確実性が高い作業であればあるほど、適度な余裕をスケジュールに組み込んでオーダー同士の干渉を防がないと、「1つのオーダーの遅れが全体に波及する」というこれまでの失敗を繰り返すことになるのです。

資材を欲しいタイミングで納入させる

DTO生産業務もう一つのポイントは、欲しいときに部品をジャストインタイムで納入させる資材管理です。これに必要なのがBOM（ボム：Bill of Material）と呼ばれる部品表ですが、多くの企業では、一般的には、部品手配リストやエンジニアリングBOM（E－BOM）と呼ばれる部品手配の帳票が使われます。いわゆる「サマリー型部品表」です。

もちろん、部品を調達する場合にはサマリー型でも問題はないのですが、これはいわゆる「お買い物リスト」のような形態になっています。たとえばカレーライスをつくるのに、ニンジンやジャガイモ、肉はどれくらい必要かがわかるのが、サマリー型の部品表です。しかし、製造期間が長い場合に、**どのタイミングでニンジンが必要か、ジャガイモが必要かという「時間の情報」**がサマリー型部品表には記載されていないのです。

つまり、サマリー型部品表では、「部品納期」は製造期間に合わせた固有の情報として識別されず、一括して指示されることになります。したがって多くの場合、組立開始日かその前後のしかるべき日付が一括して指定されます。これによって、当分は使う予定のない多くの部品が先行して納入され、現場に溢れます。その結果、膨大な工数をかけて部品の管理をすることになるのです。

本来ならば、図表56のようにサマリー型部品表ではなく、実際の製造工程の順序とリードタイムが定義された構造型部品表（M－BOM）と呼ばれる部品表を活用して、いつその部品が必要かを指示することができればよいのですが、そのレベルのシステムが導入されていない場合は、どうすればよいのでしょうか。

我々が推奨しているのは、シンプルに組み立て期間を上旬・中旬・下旬と3段階程度に区分けして、各部品を上・中・下のどのタイミングで納入させるかの指示をすることです。単純に考えて、これだけでも部品在庫は半分以下に減らすことができ、部品管理は非常に楽になります。プロジェクト管理で考えれば、ネットワーク工程表を作成して、合流してくるサブプロジェクトの納期を指示するということです。

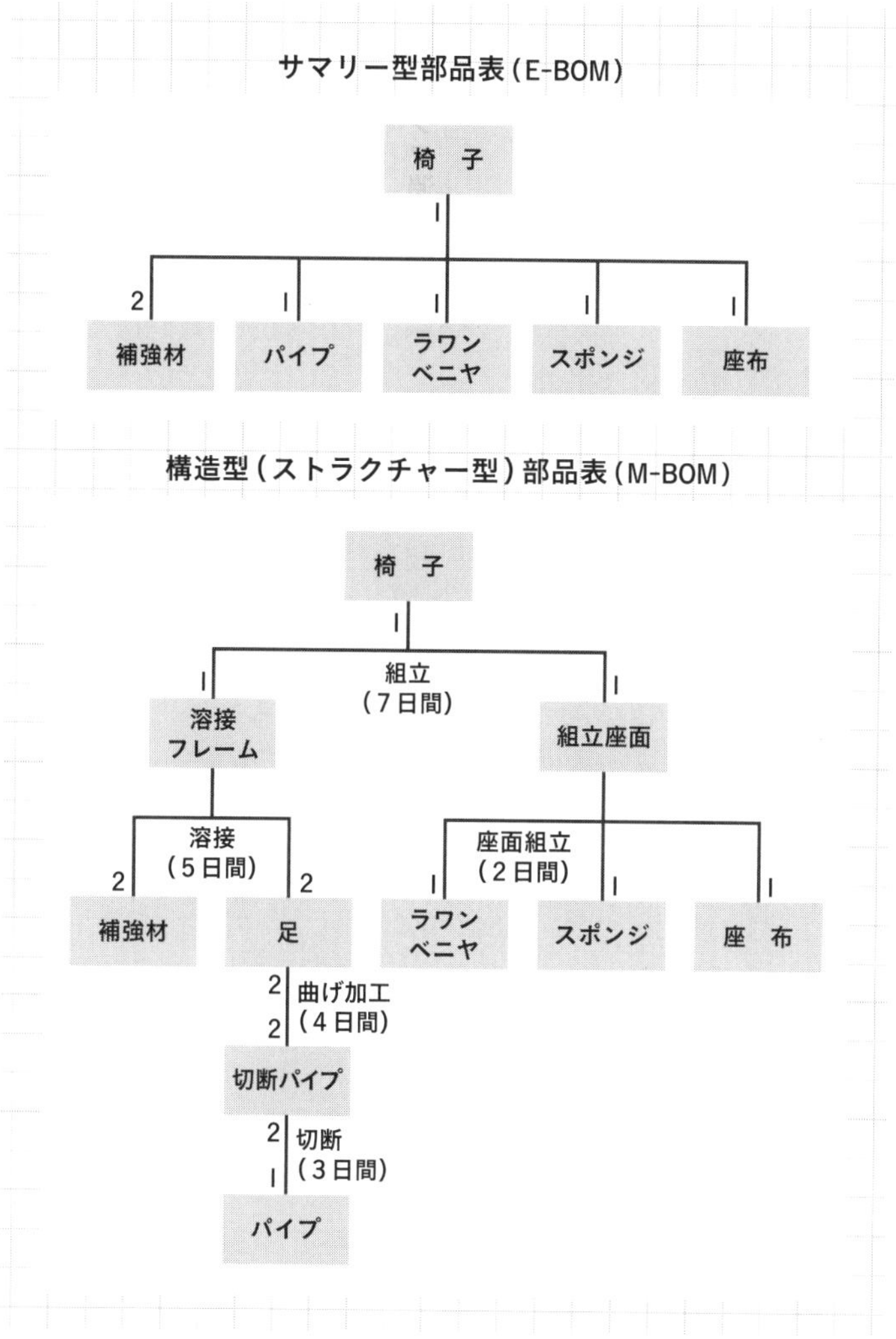

図表56　サマリー型部品表と構造型部品表

情報の共有とバッファミーティング

前述のように、コンスタントWIPの仕組みで投入されたオーダーを管理する場合、設定納期の残日数で設定されたバッファをモニターすることになります。バッファ管理では、すべてのオーダーに対しての現在のバッファの状況を、

バッファ消費率＝（1－バッファ残り時間÷設定されたバッファ時間）×100

という形で表示します。単位は%で表されます。

バッファ消費率は、生産着手（投入）のタイミングが0%で、その後、時間が経過するにつれて消費率が増加し、納期のタイミングで100%になります。つまり、バッファ消費率が高ければ高いほど、「納期までの余裕がない」と考えるわけです。この考え方に基づいて、すべてのオーダーをバッファの消費率順に並べたものが、図表57のバッファレポートです。

オーダーの状態を直感的に理解し、進捗管理をシンプルに行うために、バッファは通常は3つの色に分けて表示します。バッファ期間を3分の1ずつに分割し、バッファの消費度合

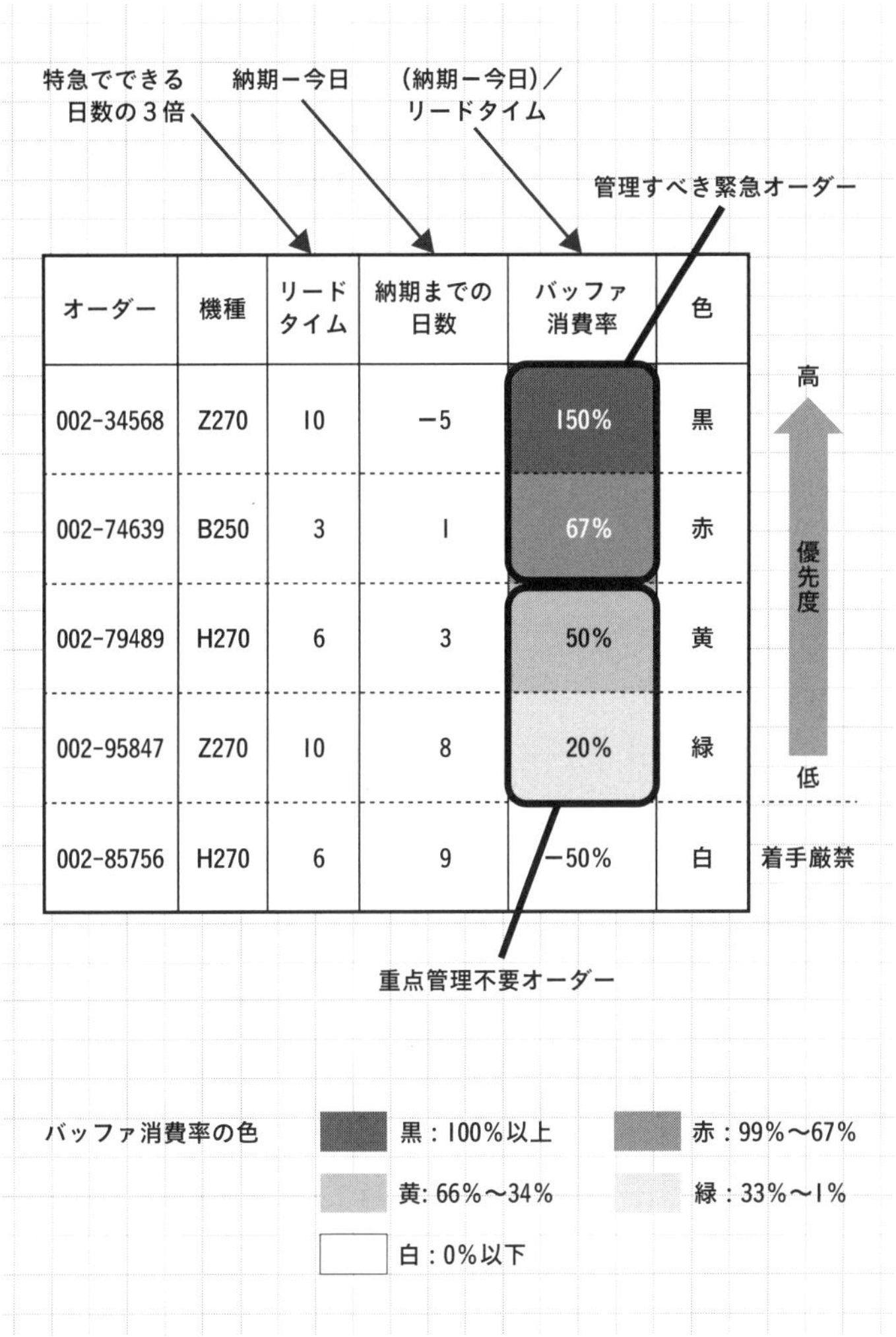

オーダー	機種	リードタイム	納期までの日数	バッファ消費率	色
002-34568	Z270	10	−5	150%	黒
002-74639	B250	3	1	67%	赤
002-79489	H270	6	3	50%	黄
002-95847	Z270	10	8	20%	緑
002-85756	H270	6	9	−50%	白

図表 57　バッファレポート画面の例

いで最初の3分の1をグリーン（安全）ゾーンと呼びます。次の3分の1はイエロー（注意）ゾーン、納期まで残り3分の1の期間はレッド（警告）ゾーンと呼び、それぞれのカラーに応じた対応を取ります。

この3色以外にも、もしもバッファの消費率が100％以上ならばすでに納期遅れであり、これを「黒バッファ」と呼びます。一方で0％より少ないマイナス・バッファのオーダーは本来まだ手を付けてはいけないオーダーで、「白バッファ」と呼びます。

バッファ管理は、納期的に危険なオーダーに管理の労力を集中させます。現場への介入は赤と黒のオーダーに限定して、それ以外は自然に流していきます。

このように、オーダーごとの緊急度を一元的に表現すると、当然、緊急度の高いオーダーから順に処理すべきという結論が出てきます。

簡単な例で考えてみましょう。納期が同じ4月30日、見積もったリードタイムの長さがそれぞれ20日と30日のオーダーAとBがあります。今日が4月20日だとすると、オーダーAのバッファ消費率は50％、Bは66％となり、同一納期であってもBのほうが優先度が高いという結果になります。バッファレポートを見れば、どのオーダーが納期遅れの懸念があって督促をしなければならないかが一目瞭然ですから、担当者は常に赤色のオーダーについて目を光らせて、現場の状況をつかみ、納期遅れにならないための対策を実行すればよく、多くのオーダーが流れていても、優先順位が混乱することはありません。

必要なのは「やるべきこと」と「やらざるべきこと」を明確にし、やるべきことに「集中（フォーカス）」し、やってはいけないことに組織的な**「制限（チョーク）」**を行い、適切な負荷状況を実現することです。そのためには、コンスタントWIPの考え方で、ドラムビートに合わせ、1つ完了したら、新たなオーダーを1つ投入すること。そして現状の負荷を25％くらい減らして、さまざまなトラブルに対応できる工数をキープすることが重要です。おわかりだと思いますが、「早く始めれば早く終わる」と考えてはいけないということなのです。

フローをコントロールする「コントローラー」の役割

では、この仕組みを導入することで、生産管理の仕事はどのように変わるのでしょうか？実はDTOのものづくりでは、コントローラー（統制役）として、これまでの生産管理担当者という概念にとどまらない幅広い役割が求められます。従来の生産管理担当者は、自分の担当するオーダーがどこまで進捗しているかを知るために、多くの工数と労力をつぎ込んでいましたが、DTOでのコントローラーの役割は、バッファをモニターして、その色に応じた対策（アクション）を行うことに集中します。バッファ管理の役割は、「納期的に危険なオーダーに適切な手を打つこと」ですから、さまざまな遅れの要因に適切な対策を行い、必要なリソースを集中させることが業務の中心に変わってきます。

実務としては、アクションを適切に取るために、日々の**進捗会議（バッファミーティング）**を行います。

これまでは、すべてのオーダーの個々のタスクを細かく確認していたかもしれませんが、TOCでは一度現場に投入されたオーダーは基本的にバッファの色だけで優先度を決めます。ですから、進捗会議はバッファ一覧から赤と黒のオーダーをピックアップして、回復策の検討と実施状況を確認する場になります。必要なら、作業の進捗や部品の調達の詳細な状況を確認し、リソースの追加や外注工場との交渉など、追加の策を検討します。

すでに述べたように、計画段階で今までのやり方を変えて負荷を25％程度減らせれば、さまざまなトラブルに対応するための工数（能力）が確保できます。これは今まで見えなかった「隠れた能力」が解放されて、見えるようになったと考えることもできるのです。その解放された能力を上手に使えば、トラブルバスターズとでも言うべき「緊急対応」のリソースプールが構築でき、緊急度の高いオーダーに適切に割り当てて、遅れを回避することができるのです。

そして、そのためにはまず、**製造としての「優先順位の統一見解」を示すこと**が重要です。これまでは、担当が個別に優先順位を指示して、「すべてが最優先」という状況で混乱していたわけですから、窓口を一本化して交渉するだけでも状況が改善されるということも珍しくありません。

バッファ管理が機能し始めると、黒バッファがなくなり、赤バッファの割合が全体の5～10％を下回っている状況が実現できます。もし、それ以上に赤の割合が上昇しているなら、全体が柔軟性を失い、不安定になる恐れがあります。この状況では新しいオーダーを投入しても流れませんから、赤黒の割合が5％を下回るまでオーダーの投入を控えるといった策が必要です。バッファ管理の良いところは、バッファの一覧を見れば全体の状況がわかり、システム全体の健康状態がきちんと見えるところです。

このようなバッファ管理の状況は、コントローラーを通じてCFOに報告され、CFOは遅れやトラブルがあった場合には適切なリカバリー策を実施し、最終的にフローに対しての責任を負うのです。

巨人の肩の上に立つ

これまで検討してきた「ダイナミック・フロー・マネジメント」のアプローチを、ゴールドラット博士が論文の中で提示した思考手順に当てはめてみると、次のようになると思います。本書のまとめとして、最後に改めて確認してみてください。

①私たちの本質的な目的を確認する

・普遍的な「ゴール（原理）」はフローを改善すること（Flow is No1 consideration）

②今まで適用されていた基本手順と拠って立つ仮説と条件を確認する

・ＴＯＣとＴＰＳは基本的に統計的変動に対応しているので、「４つの根本概念」が必要（１００ページ）

③環境がどう変化したか見極める

・今日の環境は、ＶＵＣＡである

・不安定だと、計画─実行─評価─是正という、ものづくりのPDCAサイクルが回らない
・フローはさらにアンバランスになり「ボトルネック」が存在するが、ボトルネックが変化しやすい

④今日の環境下でも、変化しないやり方は何か、具体的に定義する

・DBRや平準化など、変動を吸収する仕組みを組み込む
・現実を見て、問題の根本原因を見つけ対処するアプローチを行う

⑤変化に適応するために、何を変えなければならないのか、条件と手順を具体的に定義する

・LAMDAサイクルとPDCAサイクルを組み合わせて使う
・今を起点に、現実に起こっていることを三現主義（LAMDA）で認識する
・あいまいさと不確実性を減じるために、人間の社会性をうまく使って、ワークショップ活動をマトリクス組織運営の中心に据えてダイナミックフローを回す
・あいまいさと不確実性を減じて、物理的なものづくりをシンプルなPDCAサイクルとして回す

おわりに

ＴＯＣの専門家である私ですが、このごろ「ＴＯＣとは何か、どこから来て、どこに行くのだろうか」と考えさせられることが多くなりました。なぜなら、ＴＯＣの手法体系が環境変化に追いつかず、海外の文献なども含めて、どう判断してよいかわからないことが増えてきたからです。

そんなある日、本書でも紹介した論文「巨人の肩の上に立って」を再読するチャンスがあり、「何だ、ここに全部書いてあるじゃないか」と驚かされたと同時に、書かれてある通り、博士の思索をもう一度たどってみようと考えました。まずはゴールドラット博士、そして大野耐一、ヘンリー・フォード……。ふと気がつくと、ずいぶんな量を改めて勉強することになりましたが、さらに驚いたのは、その見事な軌跡の一致です。

大野はヘンリー・フォードの考えを徹底的に学び、時として鋭い批判を行いながら、その長所と短所をしっかり見極めてトヨタ生産方式に活かしました。ゴールドラット博士はトヨタ生産方式を追い越すことを標榜し、ＴＯＣを開拓し続けましたが、その軌跡は見事に大野と同様だったのです。ゴールドラット博士は、残念なことに64歳という若さで亡くなったこともあり、その理論体系には、今日の環境変化に対して十分に対応しきれない部分があることも否めませんが、ものづくりの「流れ（フロー）」の原理と手法体系は、これからもさまざまな人々に引き継がれ、進化していくことでしょう。

本書がその先駆けとなって、議論が高まっていくことを願ってやみません。

本書の執筆にあたり、日立製作所の渡辺薫氏には、本書のさまざまな考え方についての広範囲な議論の中で、多くのアドバイスをいただきました。また、弊社顧問でグローバリング社社長の稲垣公夫氏には、リーン開発関連の多くの資料や文献を快くご提供いただきました。日立製作所の八木将計氏、ジョイワークス吉田裕美子社長、弊社小笠原剛氏、真道久英氏および日本ＴＯＣ推進協議会には、多くのご協力をいただきました。

また、クロスメディア・パブリッシングの古川浩司編集長には、これからの世の中に必要な考え方であるとご賛同いただき、本書は日の目を見ることができました。

以上、記してお礼申し上げます。

２０２０年１月

ゴール・システム・コンサルティング株式会社 代表取締役　村上悟

参考文献一覧

▼参考文献

『開発戦略は「意思決定」を遅らせろ！』稲垣公夫［著］ 中経出版 2012年
『トヨタ式A3プロセスで製品開発――A3用紙1枚で手戻りなくヒット商品を生み出す』稲垣公夫／成沢俊子［著］ 日刊工業新聞社 2015年
『今すぐ使えるビジネスの強化書 トヨタ式A3資料作成術』稲垣公夫［監修］ 宝島社 2016年
『トヨタのカタ――驚異の業績を支える思考と行動のルーティン』マイク・ローザー［著］、稲垣公夫［訳］ 日経BP社 2016年
『トヨタ生産方式――脱規模の経営をめざして』大野耐一［著］ ダイヤモンド社 1978年
『なぜ必要なものを必要な分だけ必要なときに提供しないのか』大野耐一／三戸節雄［著］ ダイヤモンド社 1986年
『リーン生産方式が、世界の自動車産業をこう変える。――最強の日本車メーカーを欧米が追い越す日』ジェームズ・P・ウォマック／ダニエル・ルース／ダニエル・T・ジョーンズ［著］、沢田博［訳］ 経済界 1990年
『藁のハンドル――ヘンリー・フォード自伝』ヘンリー・フォード［著］、竹村健一［訳］ 祥伝社 2002年
『ザ・ゴール――企業の究極の目的とは何か』エリヤフ・ゴールドラット［著］、三本木亮［訳］ ダイヤモンド社 2001年
『ザ・ゴール2――思考プロセス』エリヤフ・ゴールドラット［著］、三本木亮［訳］ ダイヤモンド社 2002年
『クリティカルチェーン』エリヤフ・ゴールドラット［著］、三本木亮［訳］ ダイヤモンド社 2003年
『ザ・チョイス――複雑さに惑わされるな！』エリヤフ・ゴールドラット［著］、岸良裕司［監訳］、三本木亮［訳］ ダイヤモンド社 2008年
『エリヤフ・ゴールドラット 何が、会社の目的を妨げるのか』ラミ・ゴールドラット／岸良裕司［監修］、ダイヤモンド社［編］ ダイヤモンド社 2013年
『The Race』Eliyahu M. Goldratt & Robert Fox North River Press 1986
『二大博士から経営を学ぶ』オデッド・コーエン／ドミニコ・レポール［著］、三本木亮［訳］ 生産性出版 2005年
『生産マネジメント入門』藤本隆宏［著］ 日本経済新聞社 2001年
『ものづくり白書』 経済産業省 2018年・2015年
『ブラック・スワン』ナシーム・ニコラス・タレブ［著］、望月衛［訳］ ダイヤモンド社 2009年

『ジャパン・アズ・ナンバーワン——アメリカへの教訓』エズラ・F・ヴォーゲル［著］、広中和歌子／木本彰子［訳］ TBSブリタニカ 2003年
『リスク、不確実性、そして想定外』植村修一［著］ 日本経済新聞出版社 2012年
『不確実性分析実践講座』福澤英弘［著］ ファーストプレス 2009年
『ファスト&スロー——あなたの意思はどのように決まるか？［上・下］』ダニエル・カーネマン［著］、村井章子［訳］ 早川書房 2012年
『失敗の本質——日本軍の組織論的研究』戸部良一／寺本義也／鎌田伸一／杉之尾孝生／村井友秀／野中郁次郎［著］ 中央公論新社 1991年
『渋滞学』西成活裕［著］ 新潮社 2006年
『なぜ必要なものを必要な分だけ必要なときに提供しないのか——トヨタ生産方式から経営システムへ』大野耐一／三戸節雄［著］ ダイヤモンド社 1986年
『Organizing for Learning: Strategies for Knowledge Creation and Enduring Change』Daniel H. Kim Pegasus Communications 2001
『決定版 在庫が減る！利益が上がる！会社が変わる！』村上悟［著］ 中経出版 2012年
『TOC入門——「実践者のための」導入ノウハウ・手順』村上悟［著］ 日本能率協会マネジメントセンター 2001年
『儲かる会社のモノづくり マーケティング 売るしくみ』村上悟／高橋淳／小林昇太郎［著］ 中経出版 2008年

▼参考論文

「Standing on the shoulders of Giants」Eliyahu M. Goldratt 2008（日本語訳は『エリヤフ・ゴールドラット 何が、会社の目的を妨げるのか』に収録）
「日立グループ1000人に広がる業務改善6ヶ月プログラム」八木将計 ソフトウェアプロセス改善カンファレンス2016資料
「フォードシステムと分業機能の科学化」坂本清 経営研究 第63巻3号、第64巻1号 2012－13年
「トヨタ・システムの再検討」渋井康弘 三田学会雑誌85巻2号 1992年
「トヨタ生産方式の評価に関する一考察」伊藤賢次 名城論叢 2012年
「日本のものづくりと情報技術」藤本隆宏 2007年
「不確実性の分類とリスク評価」竹村和久・吉川肇子・藤井聡 社会技術研究論文集 Vol.2 12－20 2004年

【著者略歴】

村上 悟（むらかみ・さとる）

ゴール・システム・コンサルティング株式会社 代表取締役。1959年生まれ。大手製造業にて経理・原価計算を担当、社団法人日本能率協会を経て、株式会社日本能率協会マネジメントセンターTOC推進部にて、チーフコンサルタントとして日本におけるTOC（制約理論）の普及に努めたのち独立し、2002年9月より現職。2006年にインターナショナル・プロダクション・リサーチジャーナルに発表された論文「日本産業におけるTOCの適用—日立ツールの事例—」は同年のTOC-ICO（International Certification Organization）でエリヤフ・ゴールドラット博士より紹介され、博士の最後の論文「巨人の肩の上に立って」に直接引用されるなど、世界でもトップクラスの実績を持つ経営コンサルタント。著書は『TOC入門』『在庫が減る！ 利益が上がる！ 会社が変わる！』『問題解決を「見える化」する本』など多数。

不確実《ふかくじつ》な時代《じだい》に勝《か》ち残《のこ》る、ものづくりの強化書《きょうかしょ》

2020年 3月21日 初版発行

発行 **株式会社クロスメディア・パブリッシング**

発行者 小早川幸一郎

〒151-0051 東京都渋谷区千駄ヶ谷4-20-3 東栄神宮外苑ビル

http://www.cm-publishing.co.jp

■本の内容に関するお問い合わせ先 …………………… TEL (03)5413-3140 ／ FAX (03)5413-3141

発売 **株式会社インプレス**

〒101-0051 東京都千代田区神田神保町一丁目105番地

■乱丁本・落丁本などのお問い合わせ先 ……………… TEL (03)6837-5016 ／ FAX (03)6837-5023

service@impress.co.jp

（受付時間 10:00～12:00、13:00～17:00 土日・祝日を除く）

※古書店で購入されたものについてはお取り替えできません

■書店／販売店のご注文窓口

株式会社インプレス 受注センター …………………… TEL (048)449-8040 ／ FAX (048)449-8041

株式会社インプレス 出版営業部 …………………………………………………… TEL (03)6837-4635

カバーデザイン 都井美穂子

DTP 株式会社ニッタプリントサービス

校正 小倉レイコ

印刷 株式会社文昇堂／中央精版印刷株式会社

製本 誠製本株式会社

ISBN 978-4-295-40396-8 C2034